Colombia Extrema

Francisco Forero Bonell

iM Editores

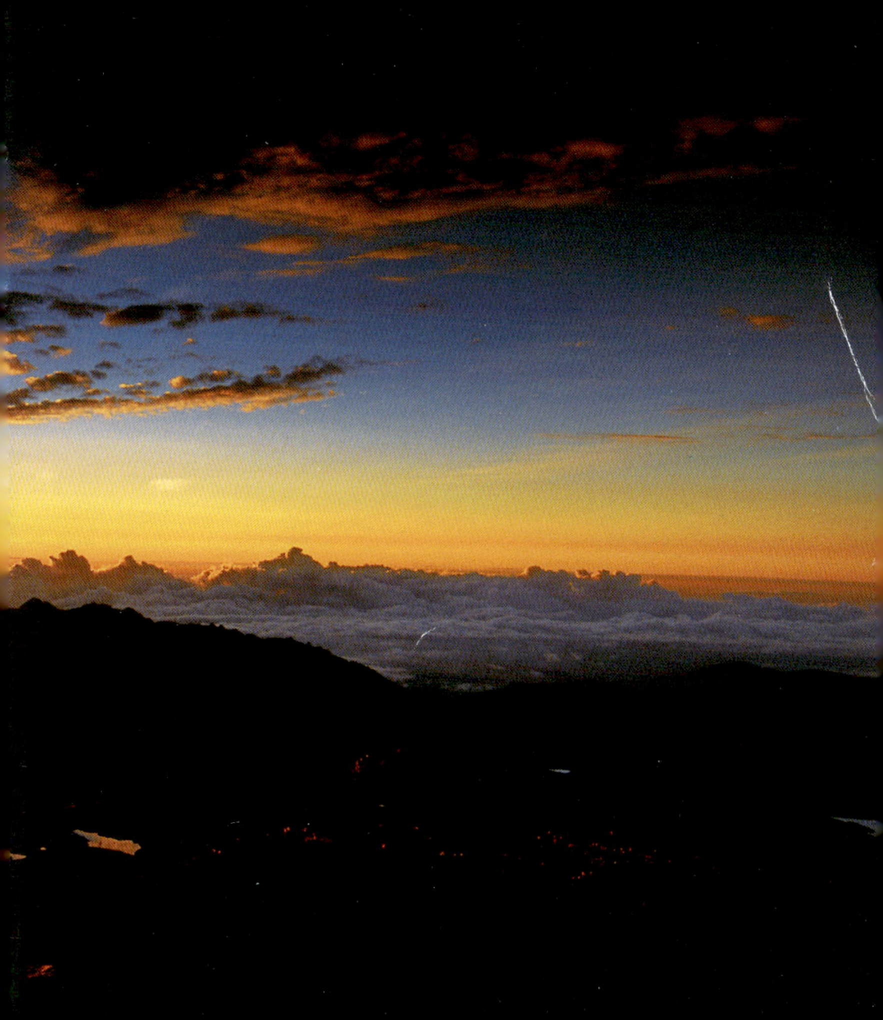

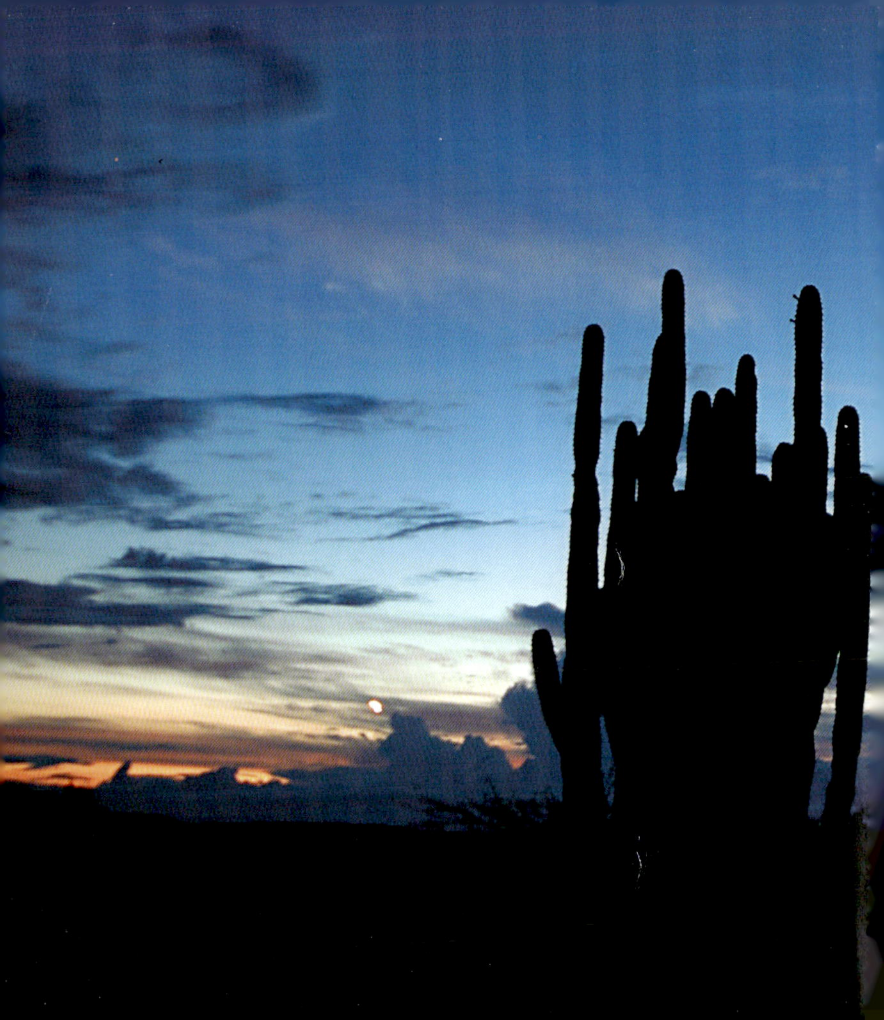

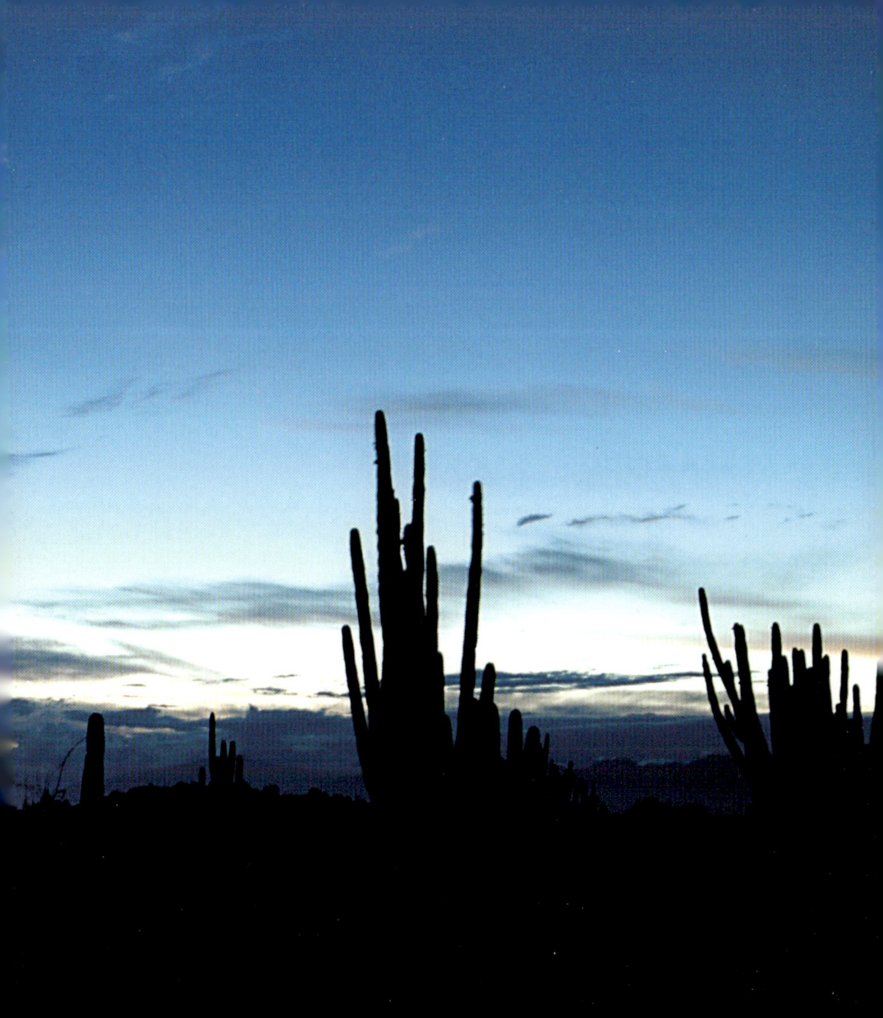

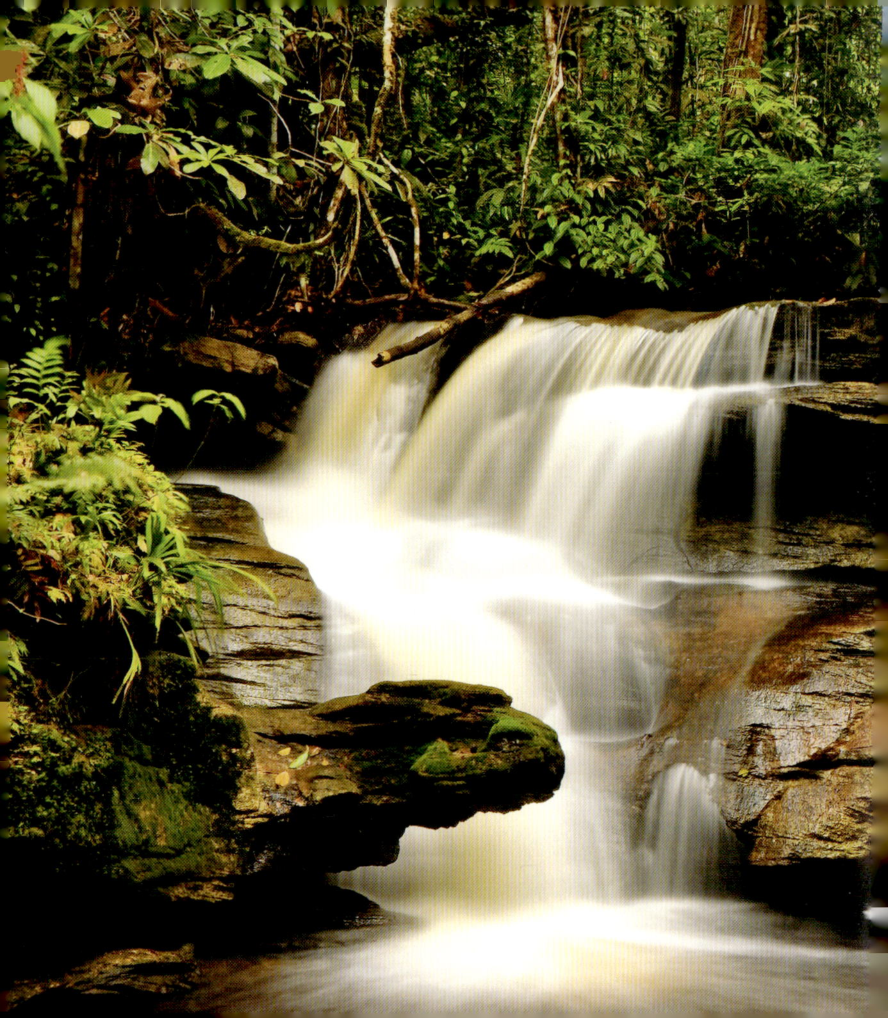

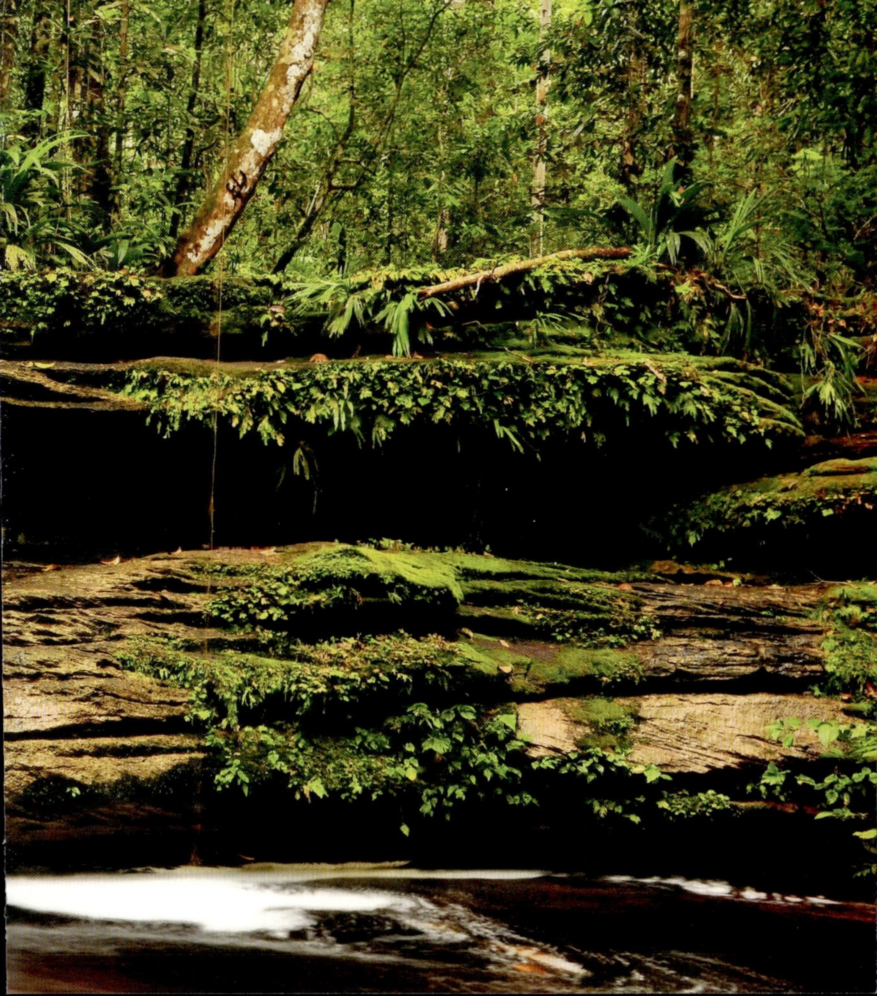

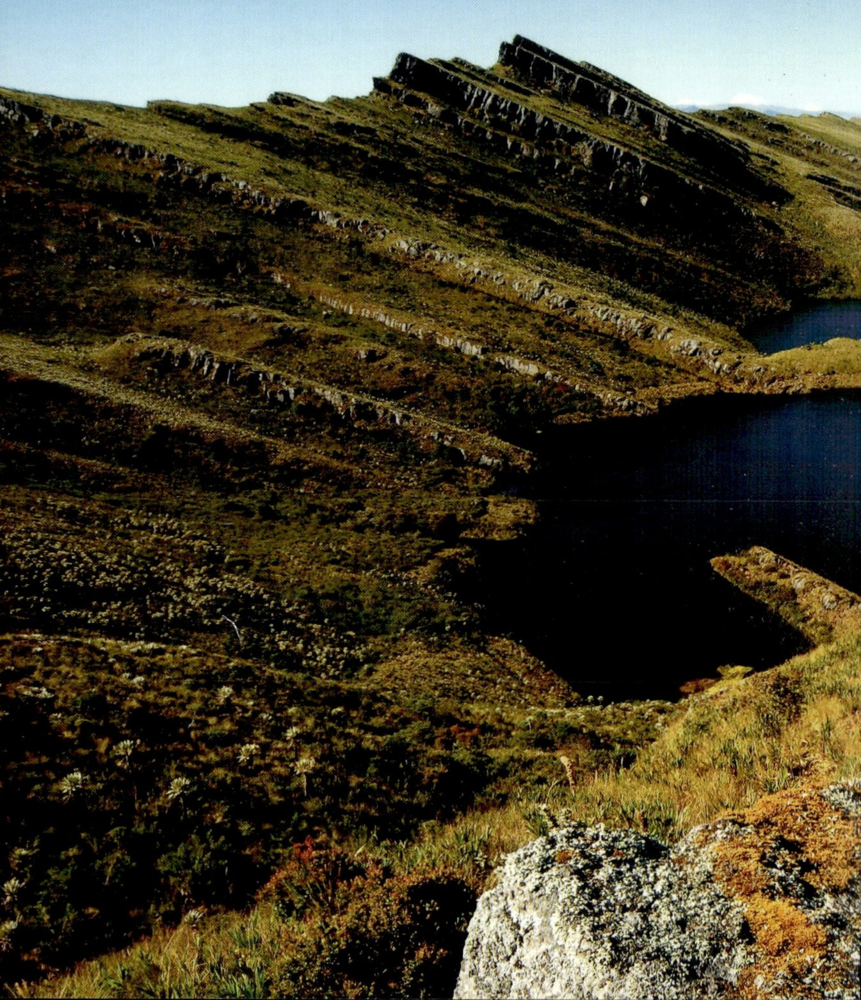

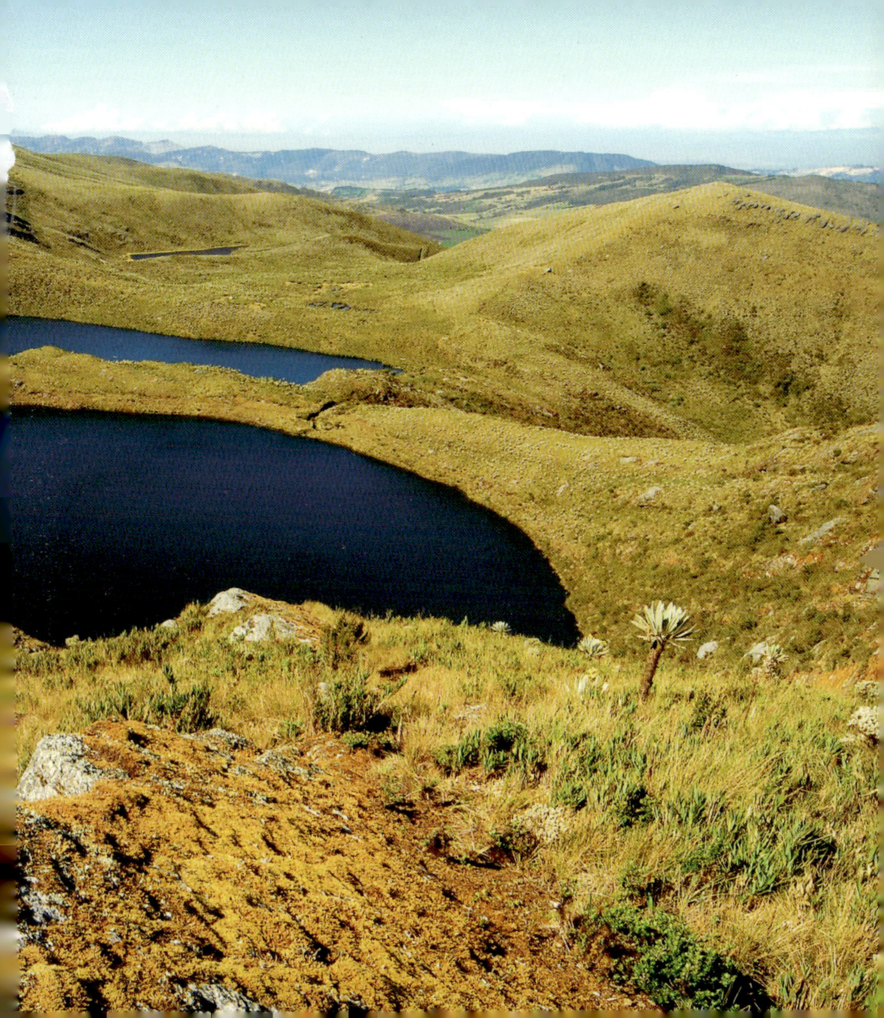

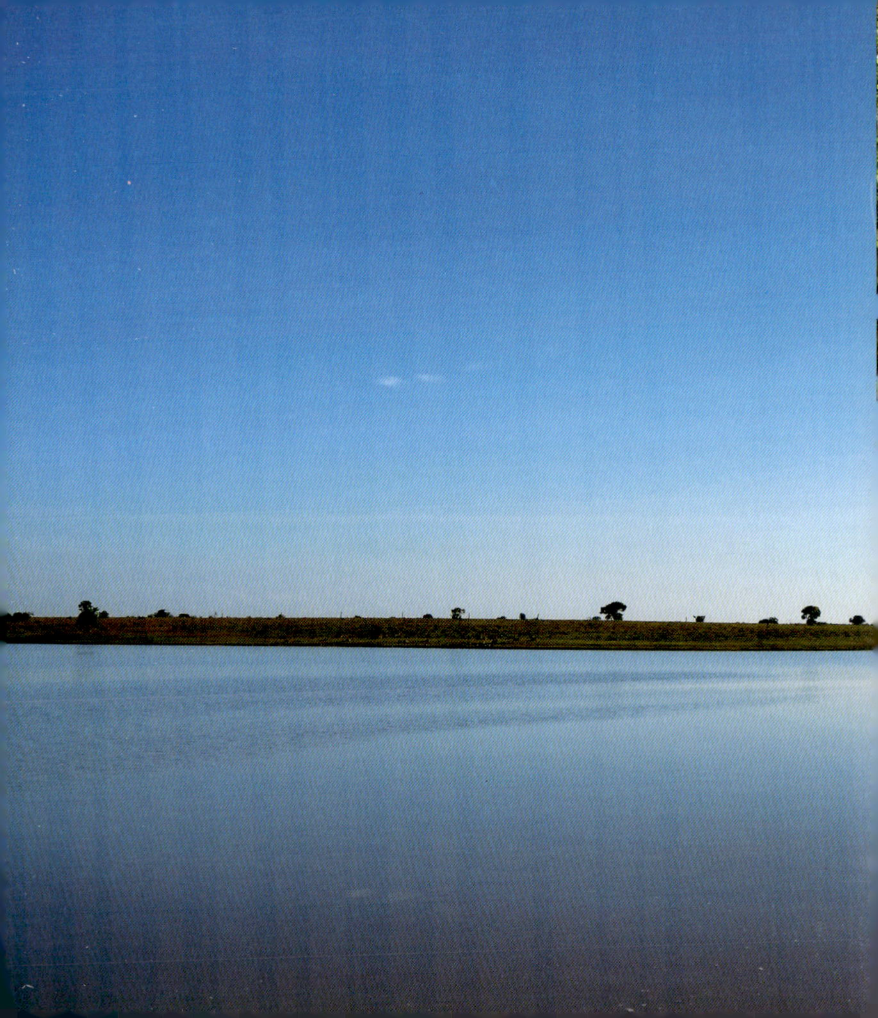

Colombia EXTREMA

Francisco Forero Bonell

iM Editores

Obra producida y editada por / *Produced and published by:*
iM Editores Ltda.

Dirección Editorial / *Editorial Management:*
Santiago Montes Veira

Fotografías / *Photography:*
Francisco Forero Bonell

Diseño y Diagramación / *Design and Diagramming:*
Juan Carlos Piñeres Márquez - Angélica Montes Arango

Textos / *Text:*
Santiago Montes Veira

Corrección de estilo / *Style Correction:*
Helena Iriarte Núñez

Versión en inglés / *English Version:*
Michael Sparrow

Cartografía / *Maps:*
Juan Carlos Piñeres Márquez

Corrección digital de color / *Digital Colour Retouching:*
Gabriel Daza Larrotta

Impresión / *Printed by:*
Panamericana Formas e Impresos S.A.

ISBN 978-958-9343-14-2

www.imeditores.com
Bogotá, Colombia.

© iM Editores Ltda.
© Francisco Forero Bonell

Todos los derechos reservados. Prohibida la reproducción total o parcial, dentro o fuera del territorio colombiano, del material gráfico y escrito.

All rights reserved. No part of the graphic or written material may be reproduced either wholly or in part, in Colombia or abroad.

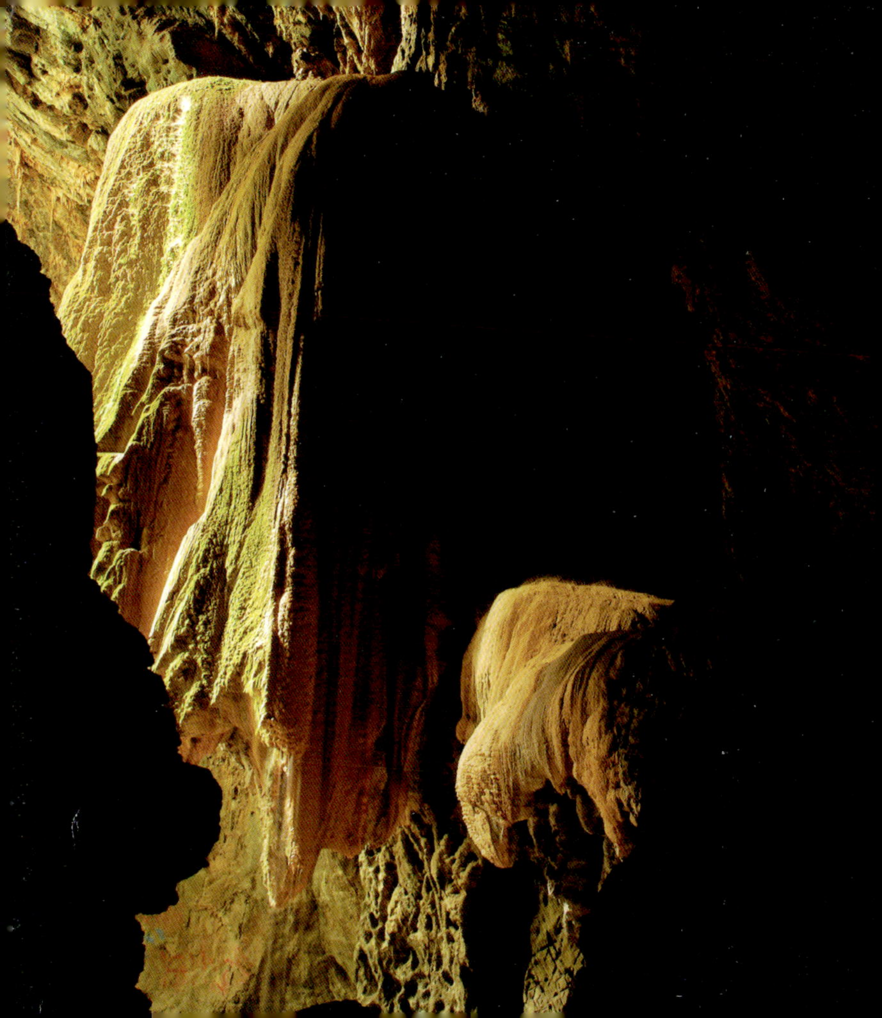

Mar Caribe
Océano Pacífico
Golfo de Venezuela
Lago de Maracaibo
Cordillera de Mérida
VENEZUELA
PANAMA
COLOMBIA
ECUADOR
PERÚ
BRASIL
Riohacha
Santa Marta
Barranquilla
Cartagena de Indias
Valledupar
Maracaibo
Coro
Caracas
Barquisimeto
Valencia
Cojedes
Aragua
Trujillo
Mérida
Sincelejo
Montería
Cúcuta
S. Cristobal
Bucaramanga
Arauca
San Fernando de Apure
Puerto Carreño
Medellín
Quibdó
Tunja
Yopal
Manizales
Pereira
Armenia
Ibagué
Bogotá, D.C.
Villavicencio
Inírida
Cali
Neiva
Popayán
San José del Guaviare
Florencia
Pasto
Mocoa
Mitú
Ibarra
Quito
Delta del Río San Juan
Delta del Río PATÍA
Delta del Río Mira
Golfo de Morrosquillo
Islas del Rosario
Islas de San Bernardo
1
2
3
4
5
6
7
8
9
COLOMBIA EXTREMA
Convenciones:
Capital
Capital Departamental
Poblaciones
límite departamental
frontera
Escala:
100 Kilómetros
100 Millas

Alta Montaña / *High Mountain*
1. La Sierra Nevada del Cocuy / *Sierra Nevada del El Cocuy*
   página 20 / page 20
2. La Sierra Nevada de Santa Marta / *Sierra Nevada de Santa Marta*
   página 34 / page 34

Desiertos / *Deserts*
3. Desierto Guajiro / *Guajira Desert*
   página 50 / page 50
4. Desierto de La Tatacoa / *Tatacoa Desert*
   página 64 / page 64

Selvas / *Jungles*
5. El litoral Pacífico / *The Pacific Coast*
   página 76/ page 76
6. La Amazonia colombiana / *The Colombian Amazon*
   página 92 / page 92

Montaña / *Mountains*
7. El Alto Valle del río Suaza / *The Upper Suaza Valley*
   página 116 / page 116

Sabanas / *Savanas*
8. Las sabanas inundables / *The Floodable Grasslands*
   página 130 / page 130
9. El Tuparro / *El Tuparro*
   página 144 / page 144

2-3. Sierra Nevada del Cocuy. / Sierra Nevada del Cocuy.
4-5. Desierto de La Tatacoa, Huila. / La Tatacoa Desert, Huila.
6-7. Caño que tributa al río Apaporis, Vaupés. / Stream that flows into the River Apaporis, Vaupés.
8-9. Lagunas de Siecha, Cundinamarca. / Siecha Lakes, Cundinamarca.
10-11. Orinoquia colombiana. / Colombia's Orinoco Region.
13. Caverna Las Cacas, Boyacá. / Las Cacas Cave, Boyacá.
16. Caño Cristales, Meta. / Caño Cristales, Meta.

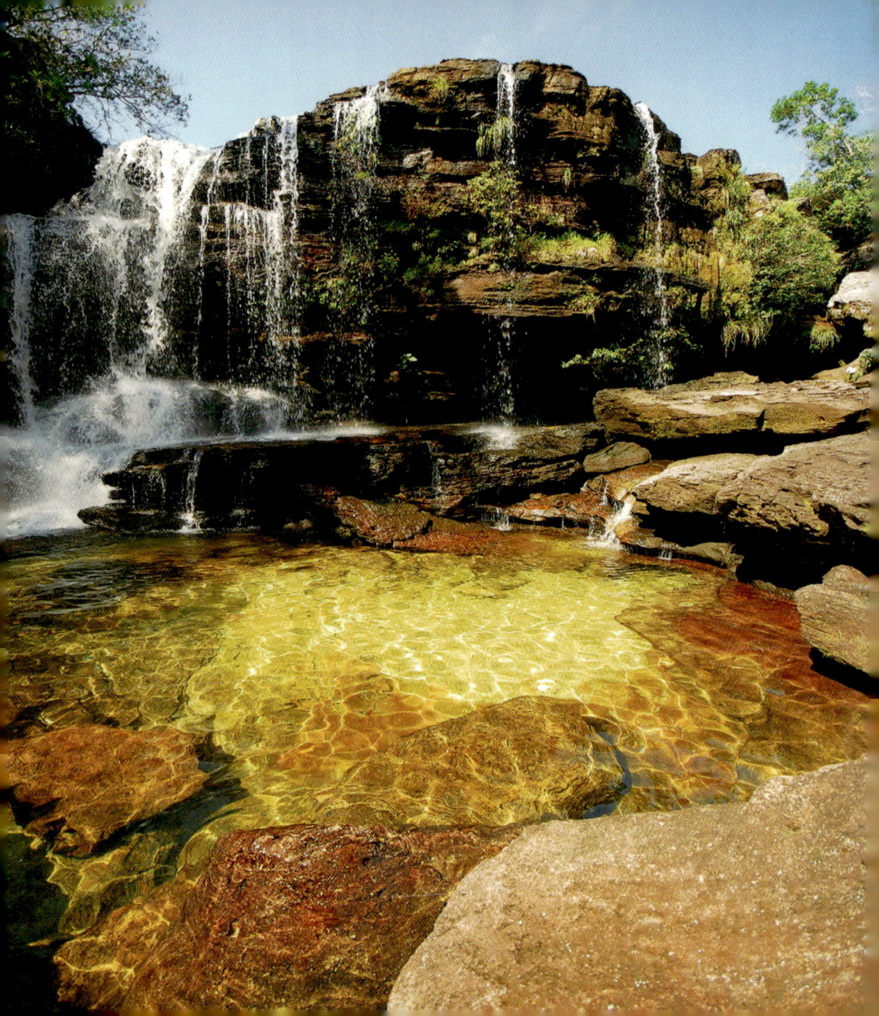

COLOMBIA EXTREMA

El territorio de Colombia es uno de los más ricos y variados del continente suramericano y en cada una de sus cinco grandes regiones tropicales —Andina, Caribe, Amazónica, del Pacífico y Orinoquia— se observan espectaculares ambientes, pero quizás los más bellos y sobrecogedores son aquellos que se encuentran en lugares apartados que, por ser de muy difícil acceso, se han mantenido en su estado natural a través del tiempo.

El fotógrafo Francisco Forero Bonell ha recorrido con su lente estos parajes, para ofrecerle un visión diferente de nuestro país, la cual estamos seguros será un incentivo para aprender a amar y respetar nuestra biodiversidad y para velar por su conservación. Bienvenidos a la Colombia Extrema.

EXTREME COLOMBIA

Colombia has one of the richest and most varied landscapes anywhere on the continent of South America, and each of its five great tropical regions - Andes, Caribbean, Amazon, Pacific and Orinoco - can boast numerous spectacular areas, but perhaps the finest and the most striking are those that are to be found in remote areas that have remained in their natural state throughout the course of time, simply because they are so difficult to reach.

Photographer Francisco Forero Bonell has travelled to these places with his camera, and now offers a different view of our country. We feel sure that this will encourage you to learn to respect our biodiversity and see that it is preserved. Welcome to Extreme Colombia!

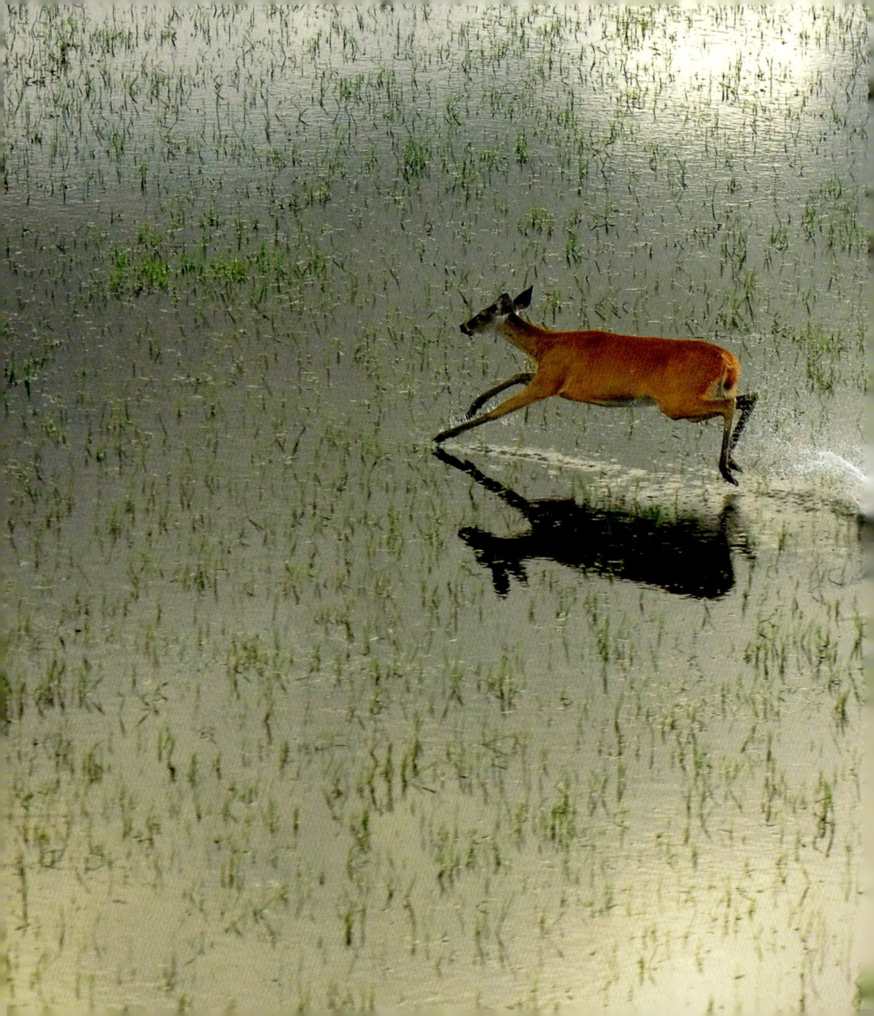

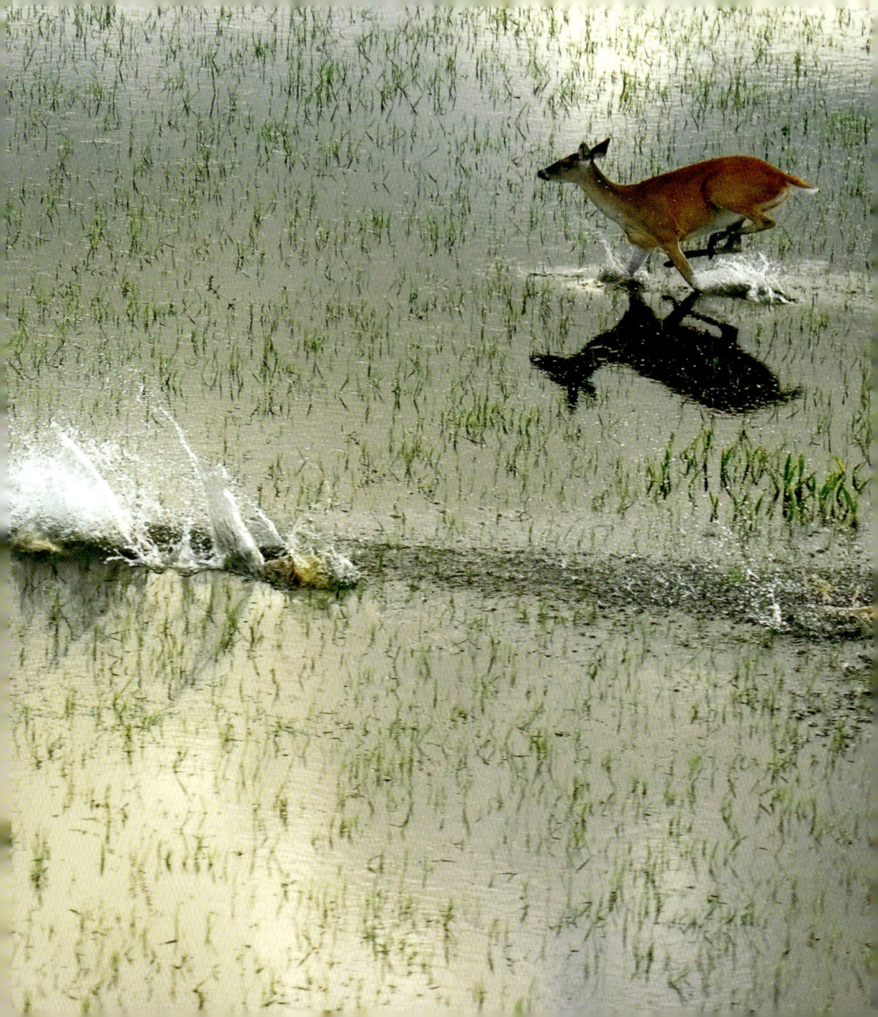

La Sierra Nevada del Cocuy
Departamentos Arauca, Casanare y Boyacá

La alta montaña tropical colombiana es el reino de la nieve y del cóndor, de lagunas de agua cristalina y de páramos poblados por frailejones; donde las temperaturas extremas y los fuertes vientos hacen difícil la vida; allí, el movimiento de inmensas masas glaciares configuró un paisaje que unas veces se nos presenta árido y desértico y otras lleno de color y de vida.

En el nororiente de Colombia, en el ramal oriental de la cordillera de Los Andes, se encuentra la mayor masa glacial del país —30 km²—, con 25 picos nevados, de los cuales el Ritacuba Blanco es el más alto —5330 msnm—. Por su importancia ecológica e hídrica, la región fue declarada Parque Nacional Natural en 1977.

Sierra Nevada del Cocuy
Arauca, Casanare and Boyacá Provinces

Colombia's tropical high mountains are the domain of snow and the condor, of lakes with crystal-clear water and moorland inhabited only by the native frailejón plant, where the extreme temperatures and strong winds make life difficult. There, the movement of immense glacial masses carved out a landscape that sometimes is arid and desert-like, yet at other times is full of colour and life.

The largest glacial mass in the country - 30 km² - is to be found in northeastern Colombia, on the eastern branch of the Andes cordillera, where there are twenty five snow-capped peaks, the highest of which is Ritacuba Blanco, at 5330 metres above sea level. Because of its ecological importance and its importance as a source of water, the region was made a National Park in 1977.

Colombia Extrema

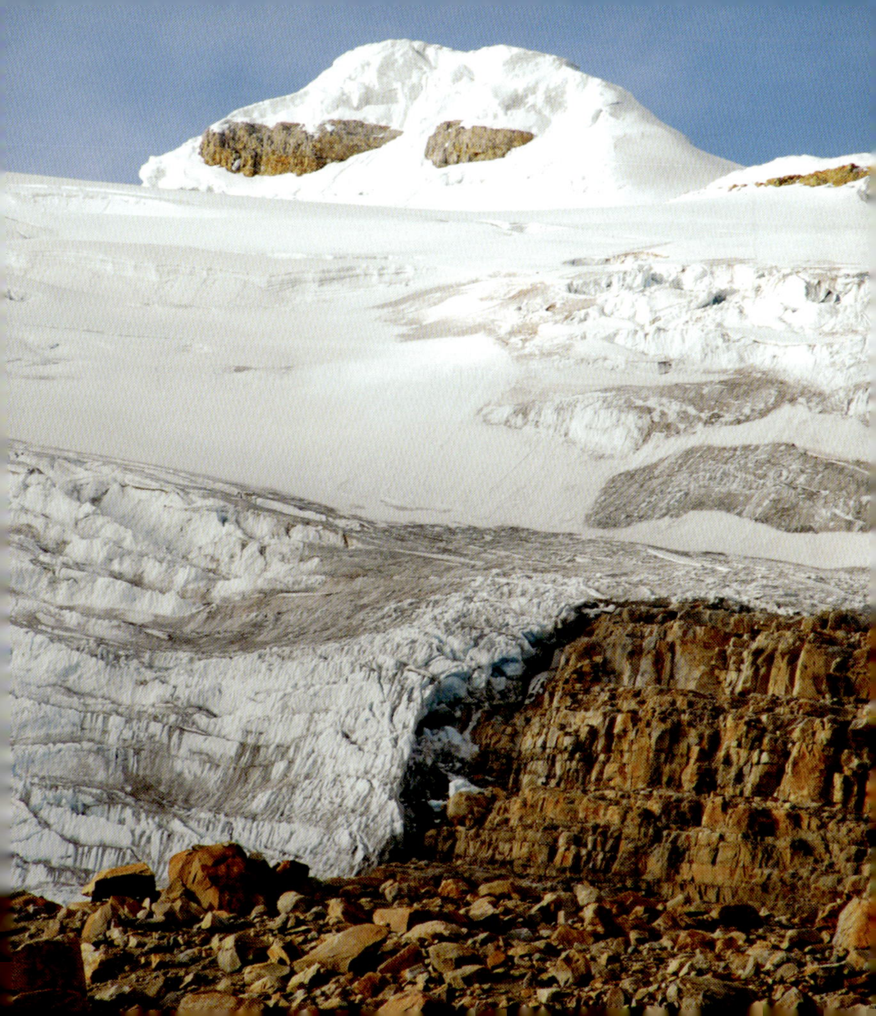

18-19. Venados coliblanco, Casanare.
White-tailed deer, Casanare.

21. Casquete glaciar del Pico Pan de Azúcar.
Icecap on Sugarloaf Peak.

22-23. *Laguna La Plaza rodeada de picos nevados.*
La Plaza Lake, surrounded by snow-capped peaks.

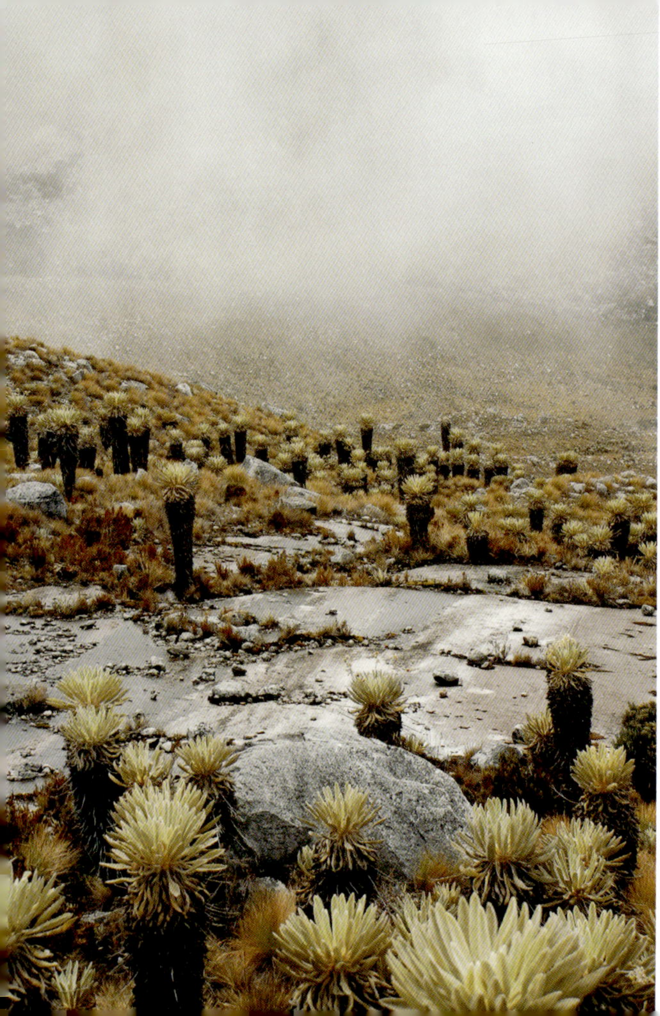

24. *Los frailejones son algunas de las pocas especies que logran sobrevivir en estas temperaturas extremas.*
The frailejón is one of the few species that can survive at these extreme temperatures.

25. *Laguna La Plaza.*
La Plaza Lake.

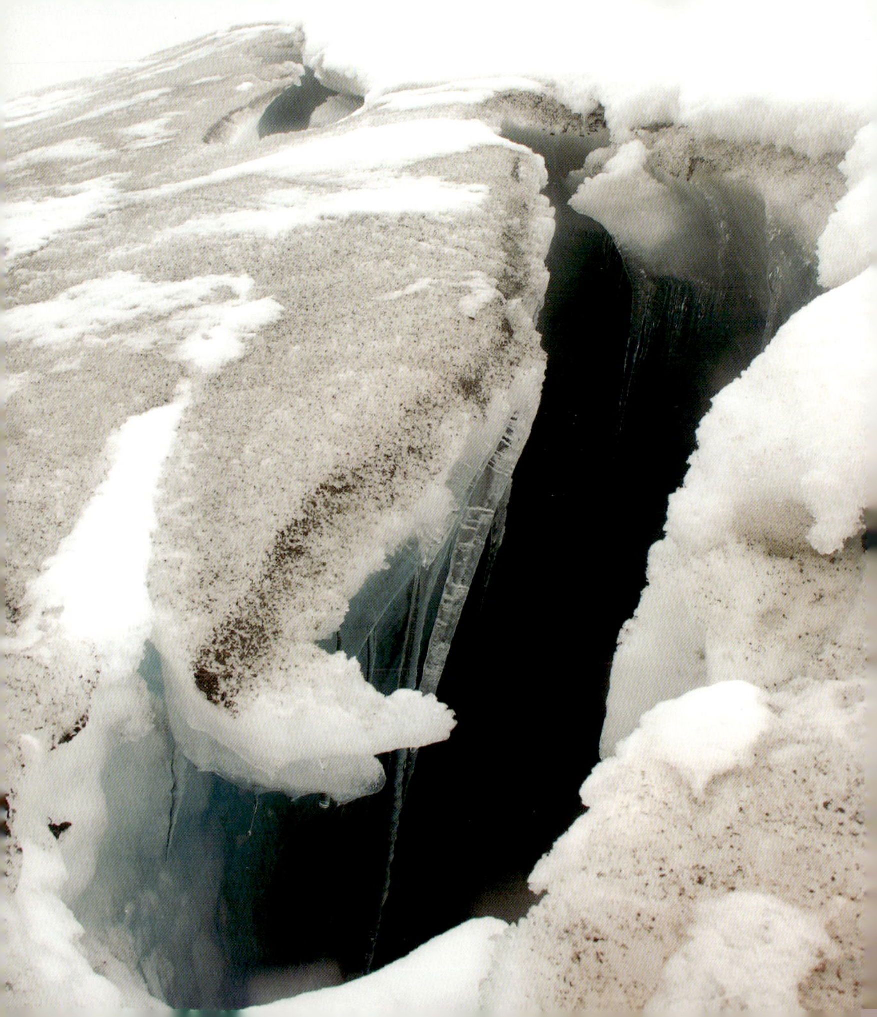

26. *El ascenso a las cumbres se dificulta por la presencia de inmensas grietas, algunas de ellas difíciles de detectar.*
Climbing to the summits is made more difficult by immense cracks, some of which are hard to detect.

27. *En medio del intenso frío se llega al Púlpito del Diablo, uno de los picos más emblemáticos de la Sierra.*
Amidst an intense cold, the Devil's Pulpit is reached, one of the Sierra's most emblematic peaks.

28-29. Cavernas heladas en medio del glaciar son testimonio del deshielo causado por el calentamiento global.
Icy caves in the middle of the glacier bear testimony to the melting ice caused by global warming.

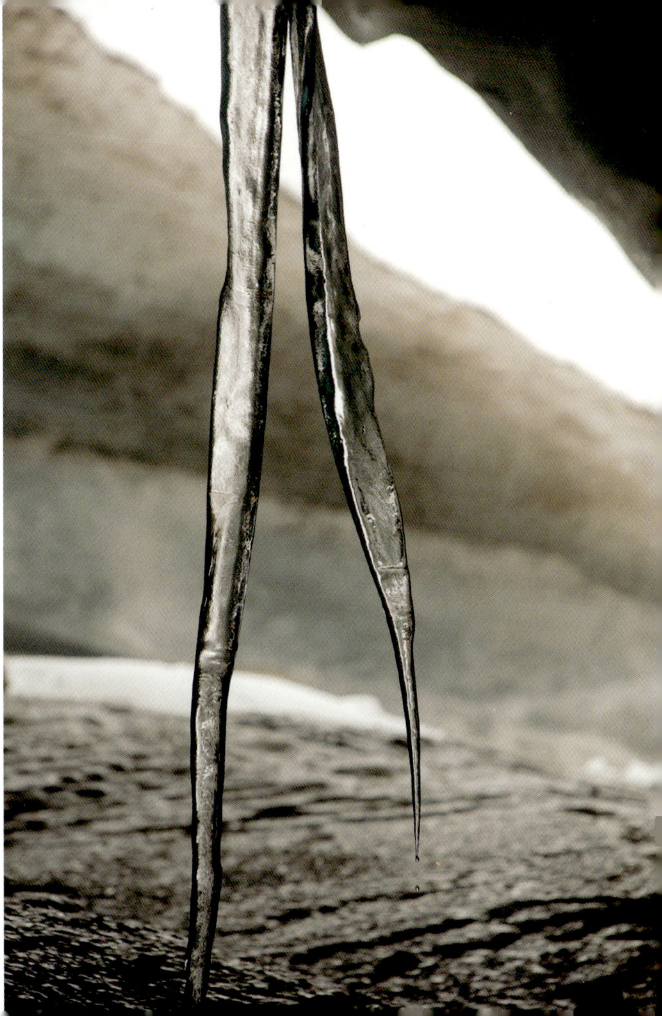

30. El deshielo ha generado un paisaje árido y misterioso, pero singularmente bello.
The melting ice has resulted in a mysterious, arid landscape, yet one which is singularly beautiful.

31. Preparación para el ascenso desde el campamento base.
Getting ready for the climb at base camp.

32-33. Solo en noches despejadas se puede observar el Púlpito del Diablo desde la Laguna Grande.
It is only on a clear night that the Devil's Pulpit can be seen from The Big Lake.

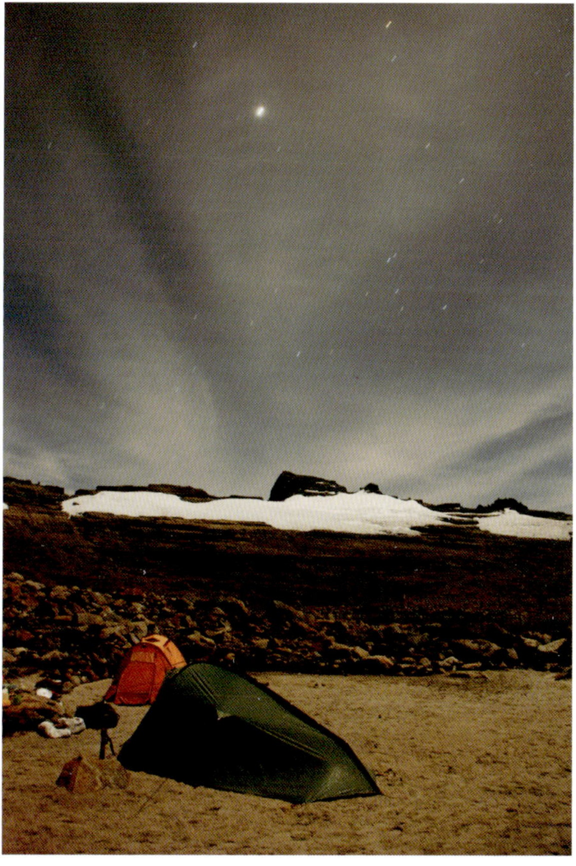

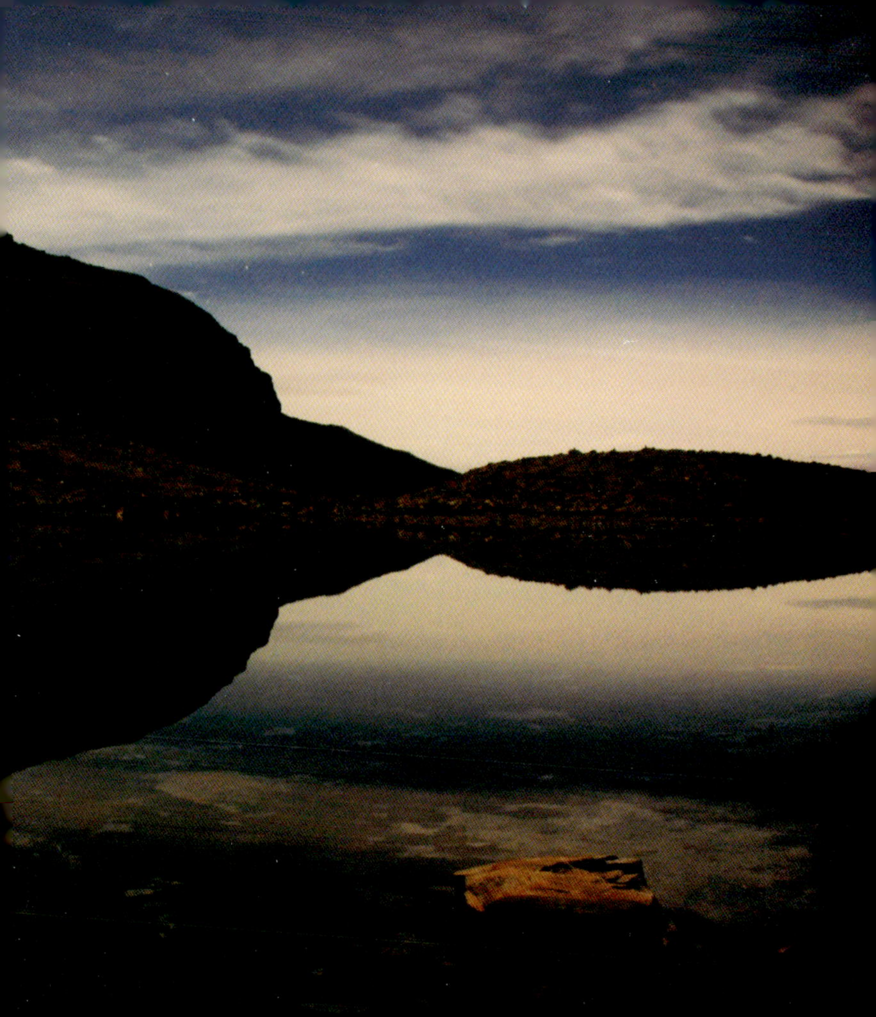

La Sierra Nevada de Santa Marta
Departamentos de La Guajira, Magdalena y Cesar

En la montaña de litoral más alta del mundo —5.771 msnm—, en tan solo 30 km, se recorren todos los pisos térmicos del trópico; desde las nieves perpetuas hasta el cálido mar Caribe; esto permite que en su intrincada geografía se encuentren variadísimos ecosistemas, como zonas áridas, bosques secos, selvas húmedas, bosques de niebla y páramos. La flora y la fauna de esta pequeña porción del territorio colombiano es de las más variadas del país.

La sierra Nevada fue el territorio de una de las culturas más avanzadas del norte de Suramérica: los Tayronas, que nos dejaron como herencia monumentales ciudades de piedra y maravillosos objetos de cerámica y oro. Sus descendientes, los indígenas Kogi, Arsarios, Arwacos e Ijka, además de conservar sus antiguas tradiciones, conviven en perfecta armonía con su entorno natural.

Sierra Nevada de Santa Marta
La Guajira, Magdalena and Cesar Provinces

The highest coastal mountain in the world - its summit stands at 5,771 metres above sea level - rises through every thermal level or climate floor in the tropics, from the warm Caribbean Sea to perpetual snows. This means that in this intricate terrain can be found an extremely varied range of ecosystems, ranging from arid zones and dry forest to tropical jungle, cloud forest, and moorland. And the flora and fauna in this tiny portion of Colombia are amongst the most varied in the country.

The Sierra Nevada was the home of one of the most advanced cultures in northern South America, namely the Tayronas, who have left us monumental stone cities and marvellous pottery and gold objects. Their descendents, the Koguis, Arsarios, Arwacos and Ijkas, not only have retained their ancient traditions, they also live in perfect harmony with their natural surroundings.

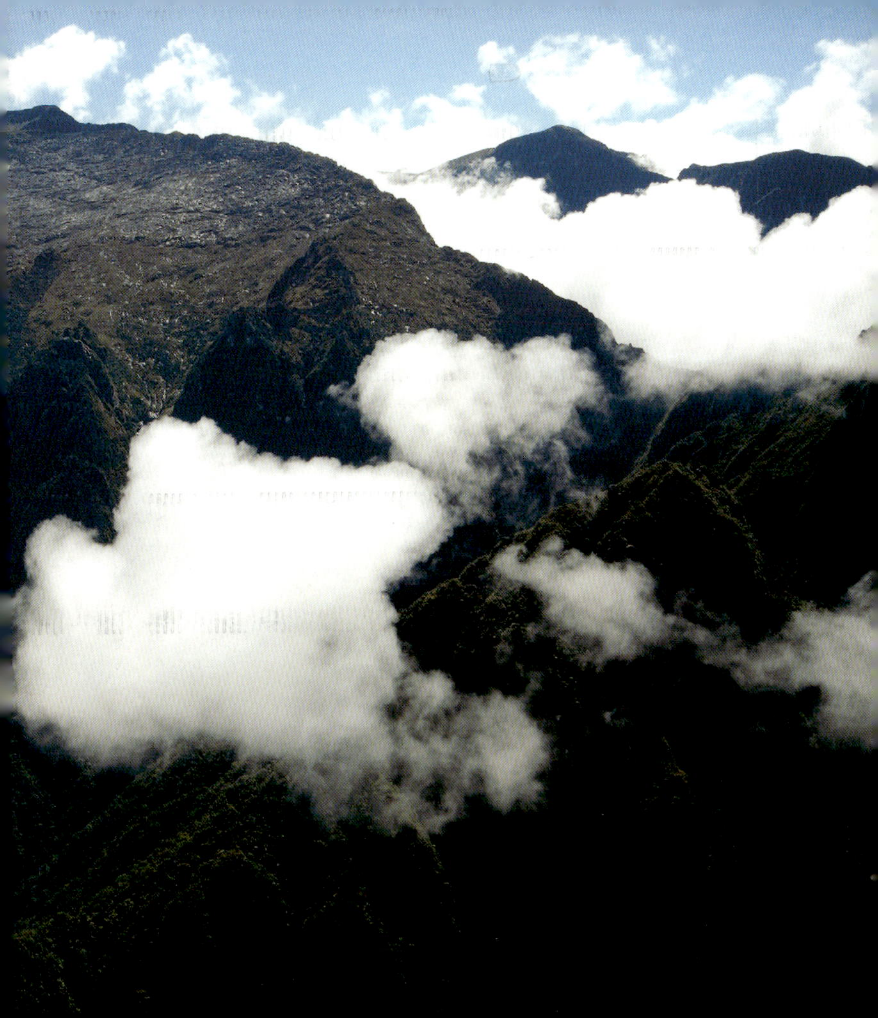

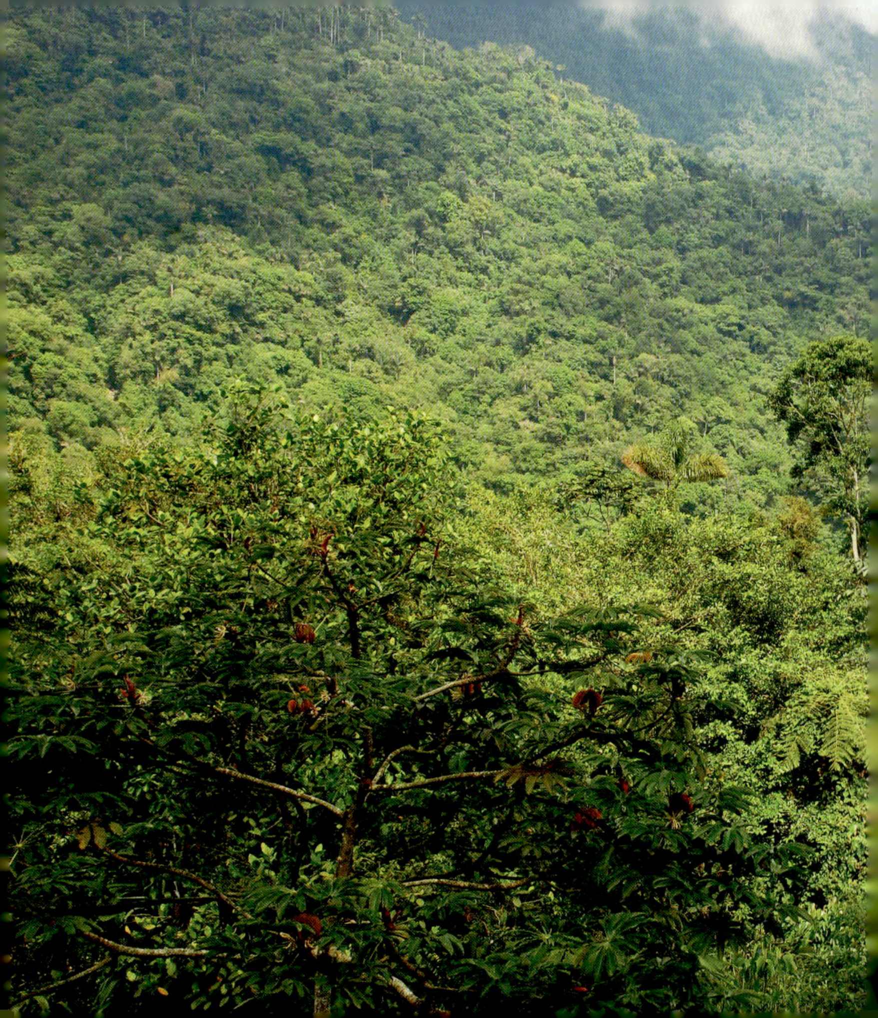

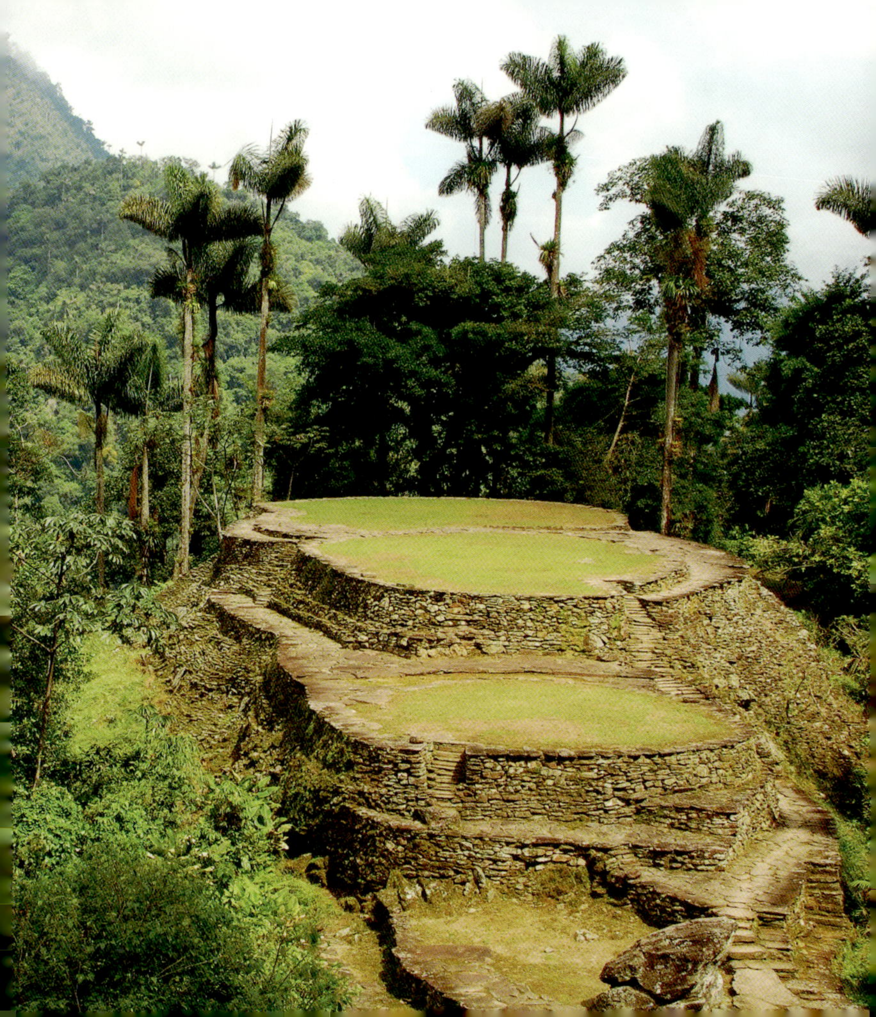

35. El macizo montañoso de base piramidal, presenta una escarpada topografía de muy difícil acceso.
The rugged terrain of this pyramid-shaped mountain mass is very difficult to reach.

36-37. La 'Ciudad Perdida' es uno de los más de 200 centros urbanos que construyeron los Tayronas antes de la llegada de los españoles.
The 'Lost City' is one of more than two hundred urban centres built by the Tayronas before the arrival of the Spaniards.

38. En los pequeños valles que se encuentran en esta escarpada topografía, se asientan los pueblos indígenas.
Indigenous groups have settled in the small valleys in this rugged terrain.

39. La humedad que proviene del mar Caribe permite el crecimiento de bosques nublados.
The humidity which rises from the Caribbean Sea enables cloud forests to grow.

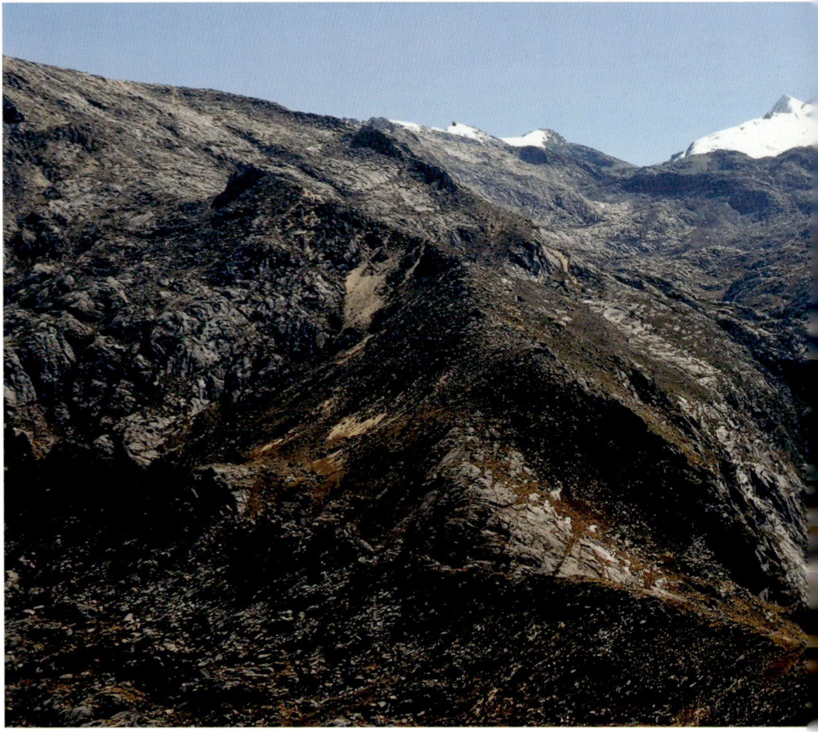

40-41. Los picos Bolívar y Colón son los más altos de Colombia —5.771 msnm—.
Bolívar and Colón Peaks are the highest in Colombia, at 5,771 metres above sea level.

42. Construcciones circulares en bahareque y palma, características de los poblados Kogi.
Typical circular Kogui buildings made of adobe and palm.

43. Los indígenas Kogi conservan sus tradiciones y practican un esmerado respeto por la naturaleza.
The Kogui indians have retained their traditions and still profess a pronounced respect for nature.

44. *Niña Kogi con aseguranzas en sus muñecas y vistoso collar, típico de sus atuendos.*
Kogui girl with bracelets on her wrists and a brightly-coloured necklace, typical of their costumes.

45. *Indígena con su poporo.*
Indian with poporo (lime container).

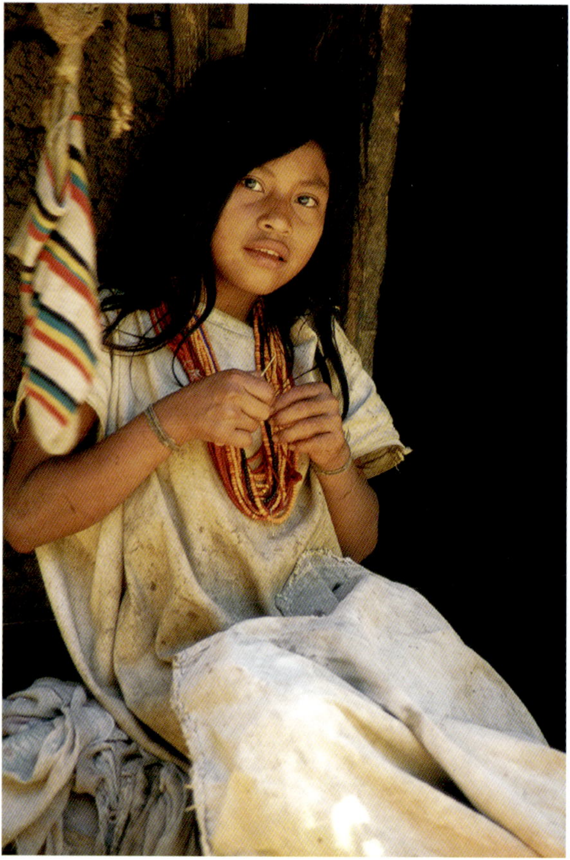

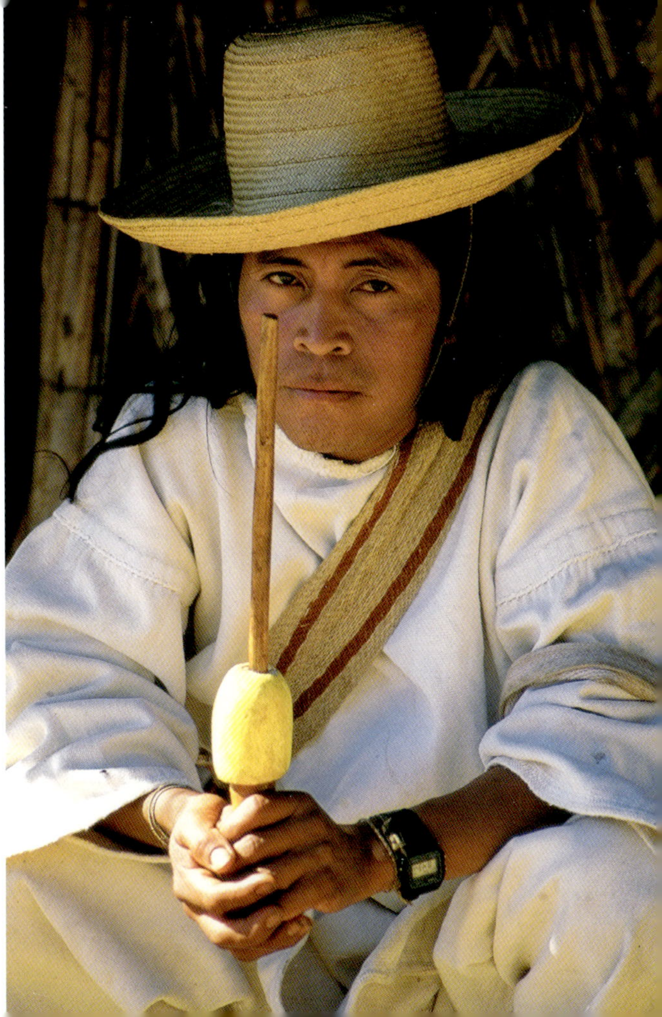

46-47. *Numerosos cursos de agua, producto del deshielo, bajan por las empinadas laderas de la Sierra Nevada.*
Numerous streams, the result of ice melting, flow down the steep slopes of the Sierra Nevada.

48-49. *La Sierra Nevada se incrusta en el Caribe y conforma numerosas bahías rodeadas por bosques secos tropicales.*
The Sierra Nevada juts out into the Caribbean and forms numerous bays surrounded by tropical dry forests.

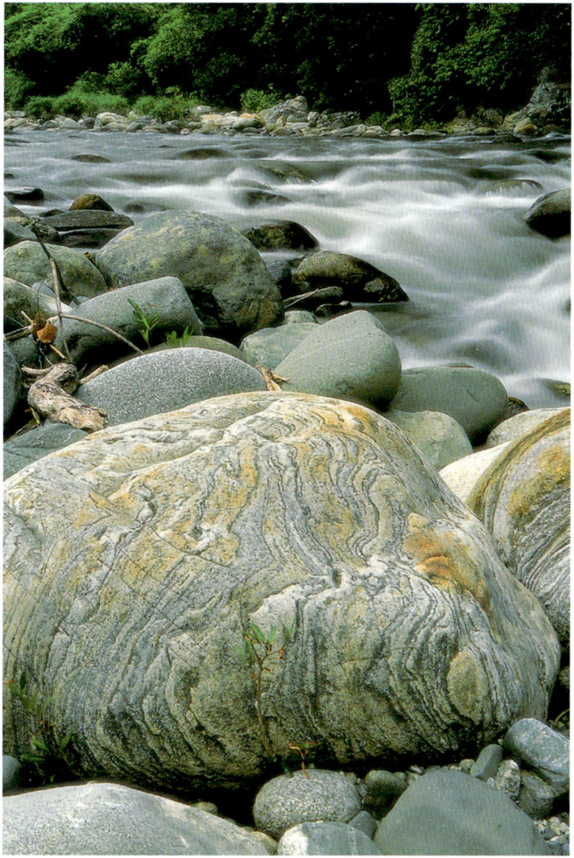

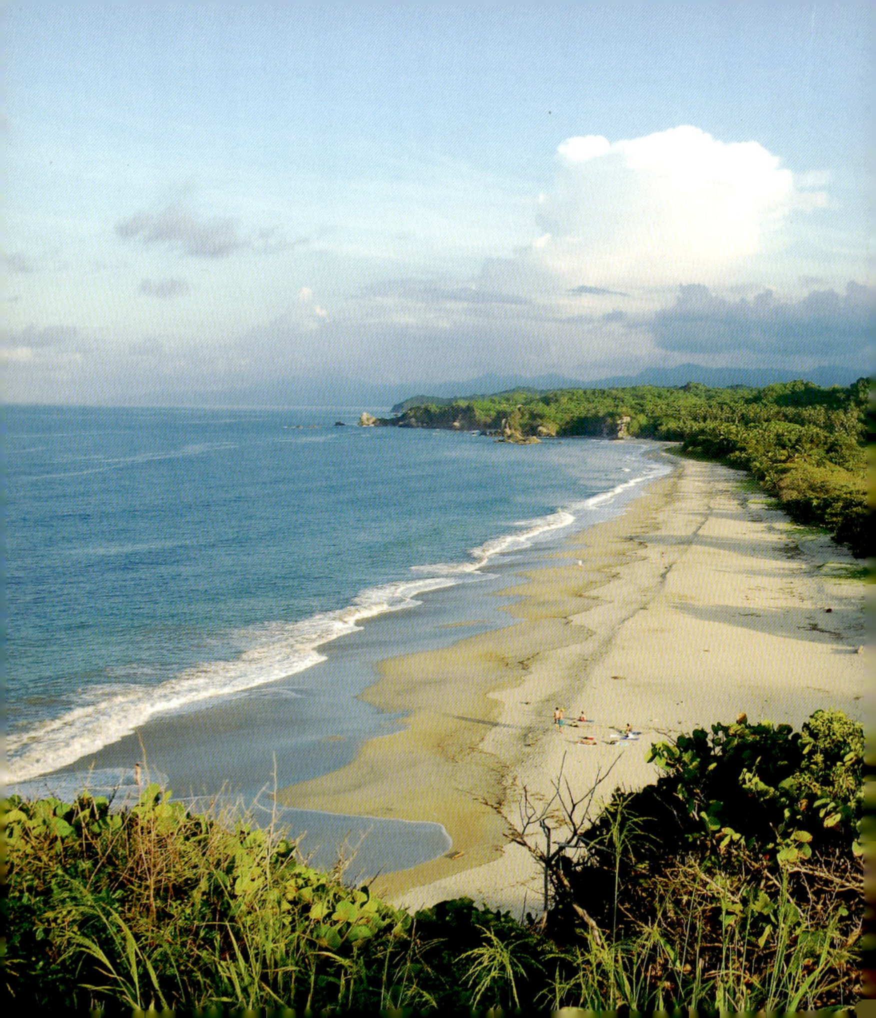

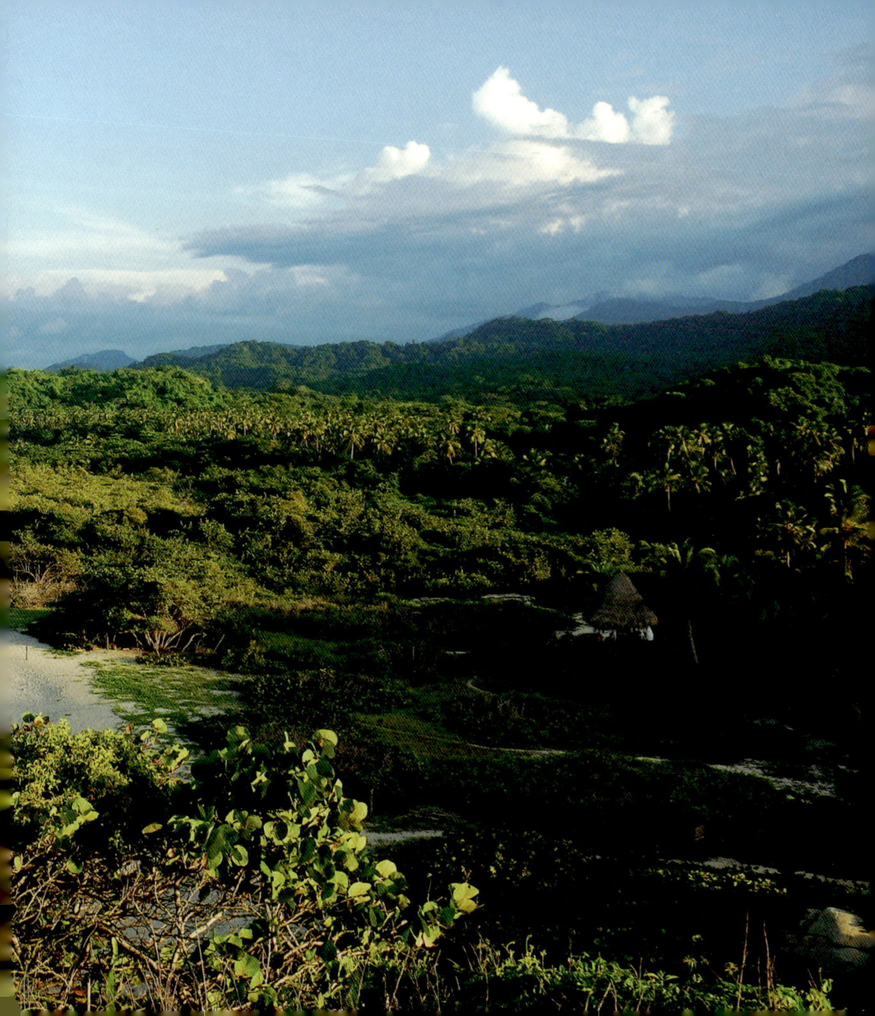

Desierto guajiro
Departamento de La Guajira

La península de la alta Guajira, en el extremo norte del continente suramericano, es una de las regiones más áridas de Colombia; es casi en su totalidad un desierto, interrumpido apenas por pequeñas serranías como las de Macuira y Jarara, que son verdaderos oasis en medio de una planicie de arenas doradas. El litoral, bañado por las aguas azul turquesa del mar Caribe, presenta playas infinitas que alternan con pequeños acantilados rocosos en el Cabo de la Vela y Bahía Portete, donde el mar irrumpe con fuerza y forma algunas cavernas.

Esta es la tierra de los indígenas wayuu, que durante siglos se han adaptado a las condiciones extremas del medio y conservan buena parte de sus mitos, leyes y tradiciones; viven de la pesca, la ganadería, el comercio y la extracción de sal.

Guajira Desert
La Guajira Province

The Upper Guajira peninsula, on the extreme northern tip of the South American mainland, is one of the most arid regions of Colombia. It is virtually all desert, interrupted only by small ranges of hills like the Macuira and Jarara, which rise up like veritable oases in the midst of a vast plain of golden sand. Along the coast, which is bathed by the turquoise waters of the Caribbean Sea, never-ending beaches alternate with small, rocky cliffs at Cabo de la Vela and Bahìa Portete, where the sea breaks powerfully through and forms small caverns.

This is the land of the Wayuu indians, who have adapted to the harsh conditions of their environment for centuries and still retain many of the myths, laws and traditions that have been handed down from generation to generation. They live from fishing, cattle raising, trade, and salt extraction.

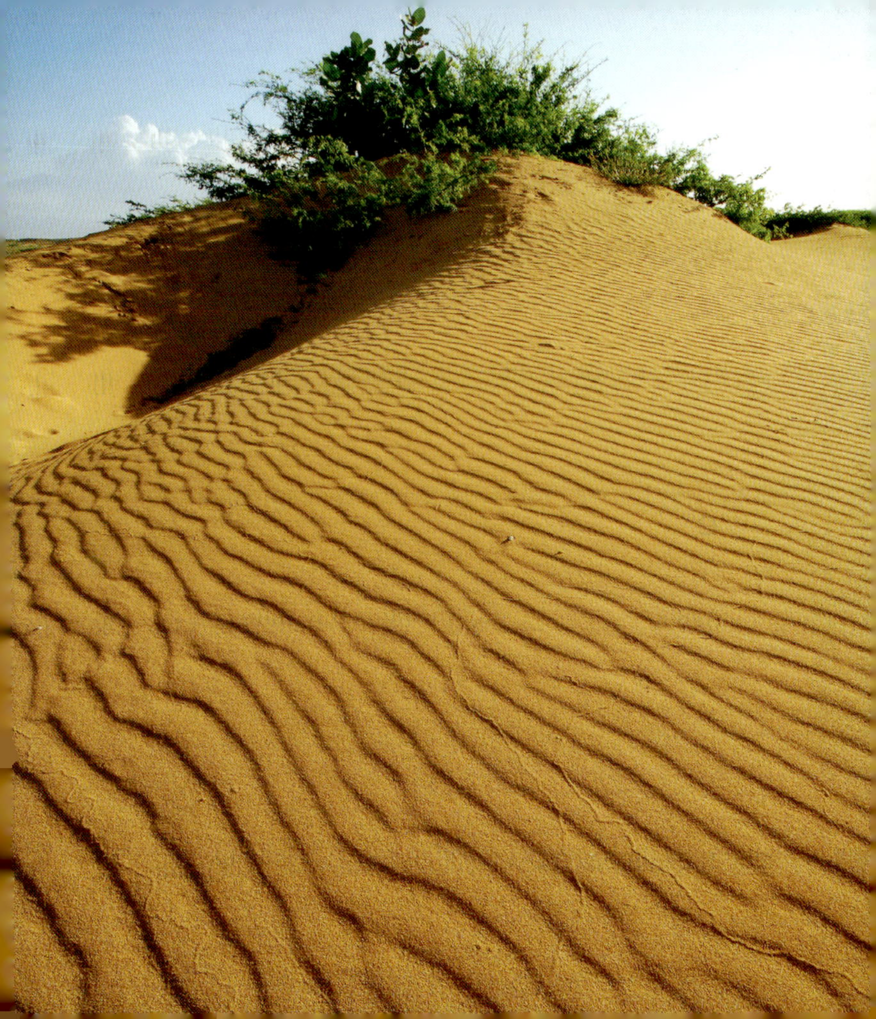

51. Dunas moldeadas por el viento en Chimare.
Dunes shaped by the wind at Chimare.

52-53. Sólo durante unas pocas semanas se pueden observar infinidad de conchas marinas en la zona de Punta Gallinas.
Only for a few weeks can an infinite variety of sea shells be seen at Punta Gallinas.

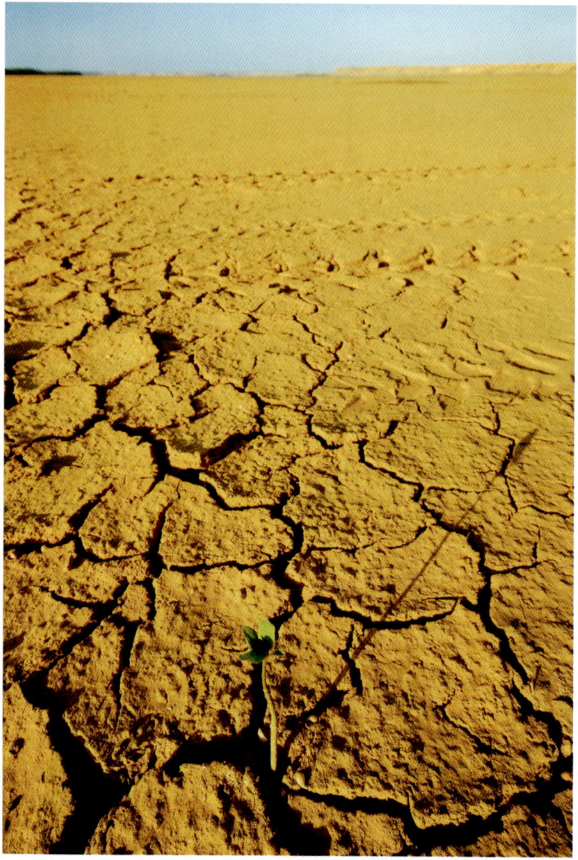

55

54. *Pocas especies sobreviven en este ambiente desértico.*
Few species survive in this desert environment.

55. *Extracción artesanal de sal con la técnica tradicional del pueblo wayuu.*
Extracting salt by means of the traditional artisan technique used by the Wayuu.

56-57. Pequeños parches de manglar en Bahía Honda.
Small patches of mangrove at Bahia Honda.

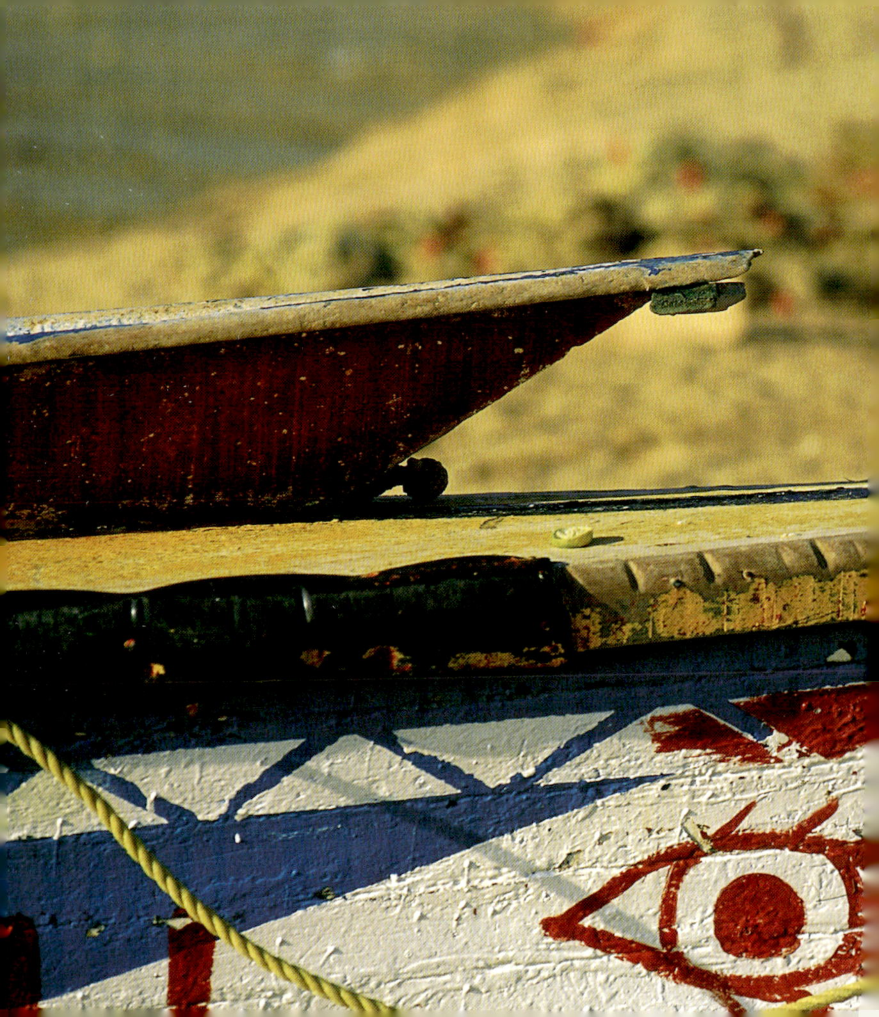

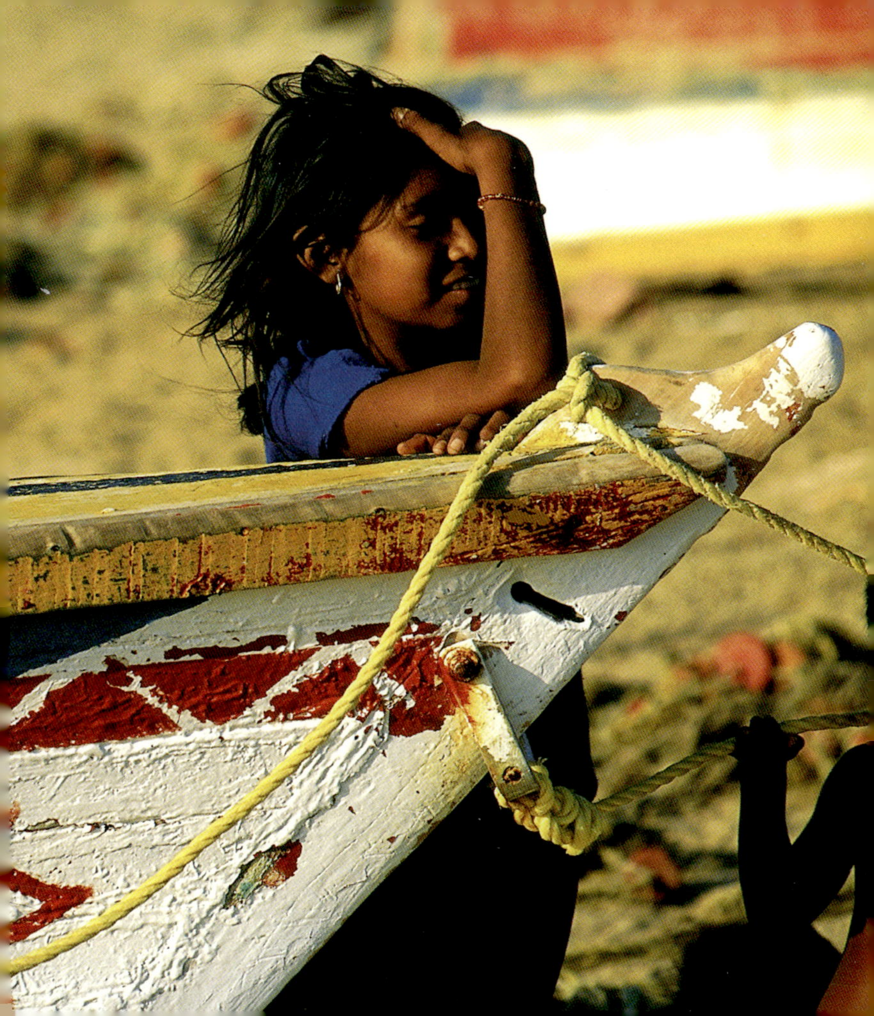

58-59. Las canoas de los pescadores wayuu lleva pintado un ojo a fin de que les sirva para ver el camino.
Wayuu fishermen's canoes have an eye painted on them, to help the fishermen see where to go.

60. Rocas erosionadas en el acantilado del Pilón de Azúcar.
Eroded rocks on Sugarloaf Cliff.

61. *Vegetación achaparrada, característica de la Alta Guajira.*
Stunted vegetation, typical of Upper Guajira.

62. *Atardecer en el Cabo de La Vela.*
Sunset at Cabo de la Vela.

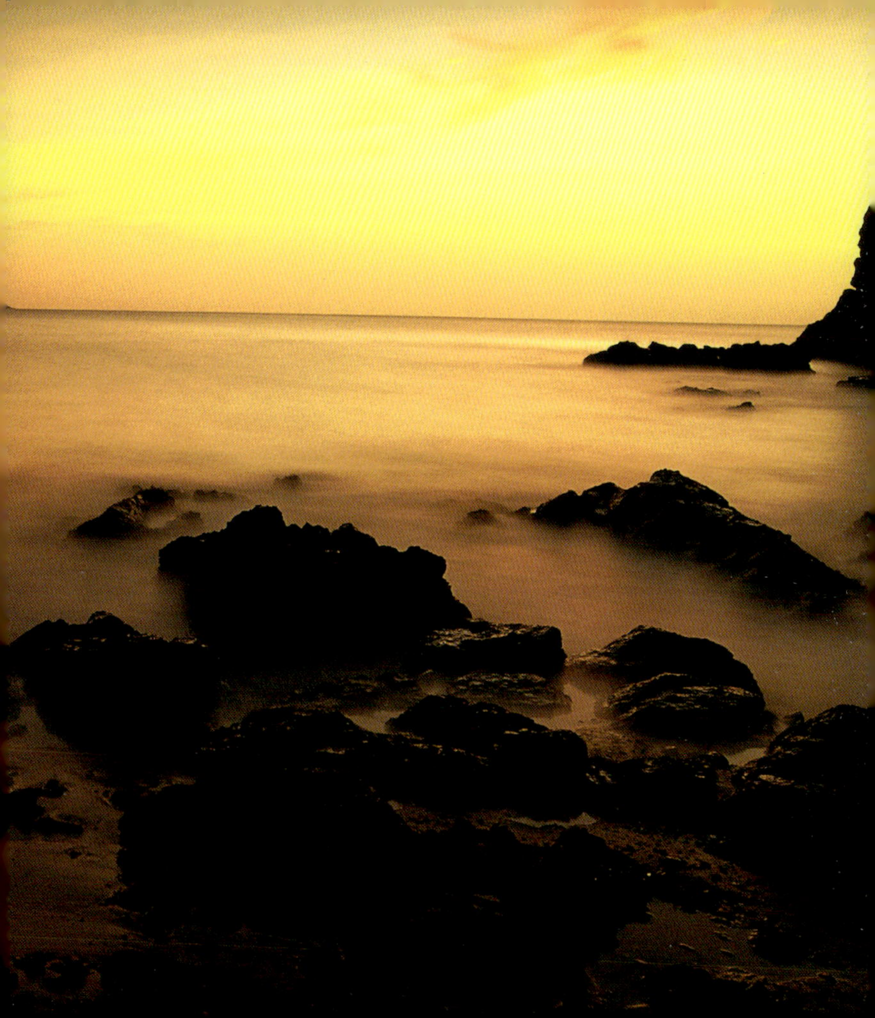

Desierto de la Tatacoa
Departamento del Huila

En el alto valle del río Magdalena, en medio de la verde y fértil planicie, se encuentra una singular zona árida donde infinidad de fósiles evidencian la presencia de un mar interior en épocas muy remotas. El desierto, que presenta profundos cañones formados por la erosión, está poblado por una vegetación arbustiva y cactácea, especialmente adaptada a la escasa humedad del ambiente.

El calor abrasador que casi siempre se presenta durante las horas del día, contrasta con el frío intenso de las noches despejadas; a pesar de que este clima extremo, característico de los desiertos, ha limitado la diversidad de especies de fauna y flora, el paisaje que presenta es siempre diferente y encantador.

Tatacoa Desert
Huila Province

On the green, fertile plain in the upper Magdalena valley is a curious, arid zone, where a vast number of fossils bear testimony to the fact that this was once an inland sea, back in the distant past. Vegetation in the desert, where deep canyons have been formed by erosion, consists of scrub and cactuses that have specially adapted to the lack of moisture in the environment.

The virtually ever-present burning heat in the daytime is in marked contrast to the intense cold of the clear nights. Despite the fact that this extreme climate so typical of deserts has limited the diversity of the flora and fauna, the landscape is always different and charming.

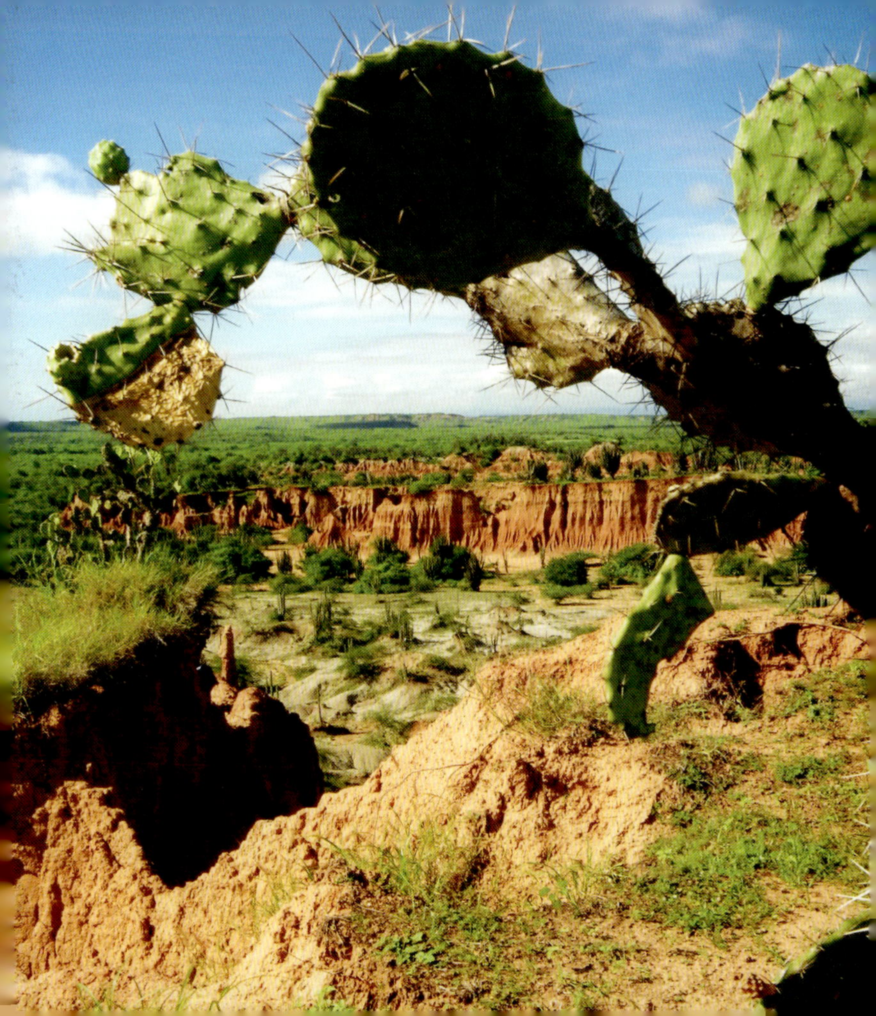

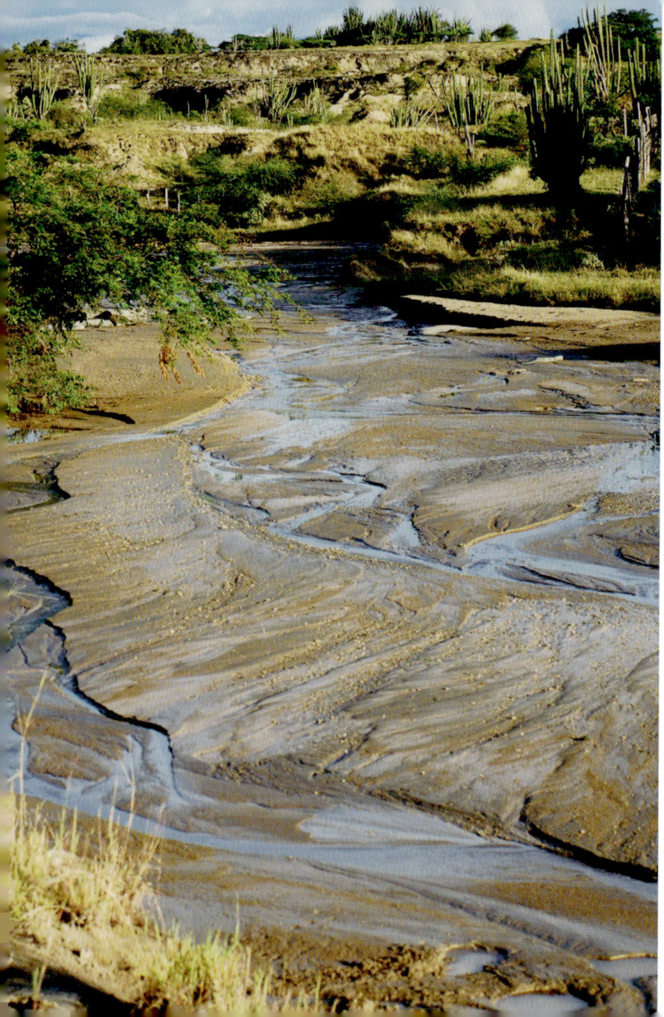

65. La escasa vegetación, se localiza en las zonas altas, donde hay una pequeña capa vegetal.
The scanty vegetation is to be found in higher areas, where there is a small layer of plant life.

66. Pequeños cursos de agua que fluyen después de las lluvias, continúan erosionando los suelos.
Small streams that flow after rain has fallen continue to erode the soil.

67. En algunas zonas del desierto el suelo presenta una coloración gisacea.
In some parts of the desert, the soil is a greyish colour.

68-69. El color rojo de un área del desierto se debe a la presencia de algunos minerales.
The red colour in one part of the desert is due to the presence of certain minerals.

70-71. El viento y el agua han tallado en los suelos del desierto una gran diversidad de formas.
Wind and water have carved a great variety of shapes in the desert soils.

72-73. Los contrastes del terreno y la vegetación dibujan bellas siluetas.
The contrasts in the ground and the vegetation produce beautiful silhouettes.

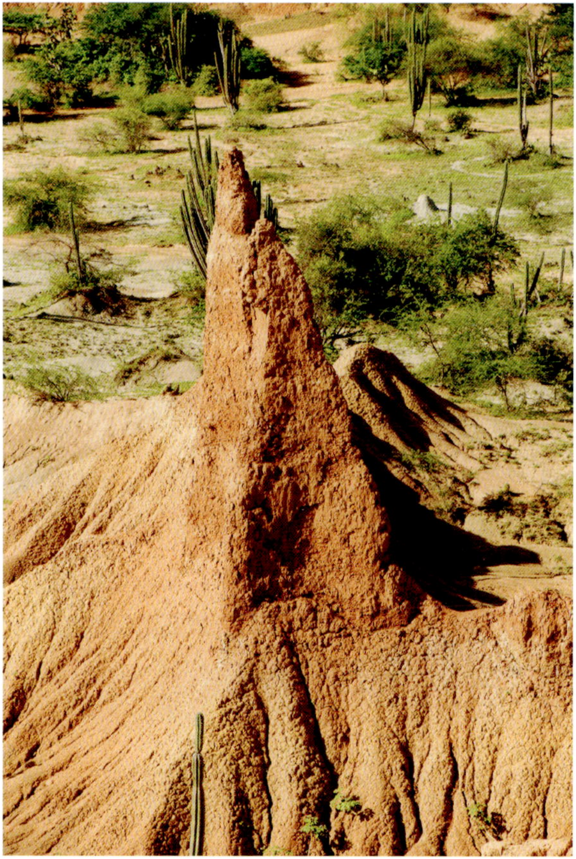

71

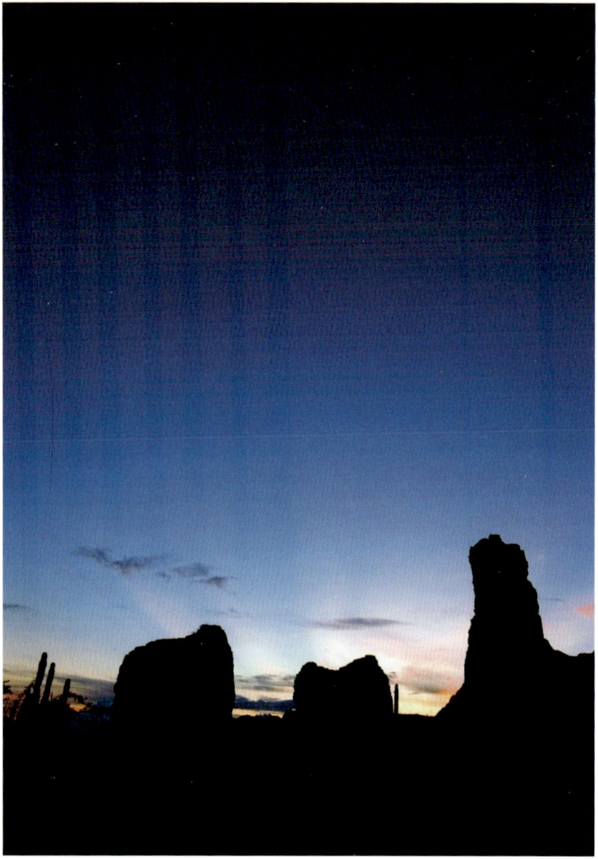

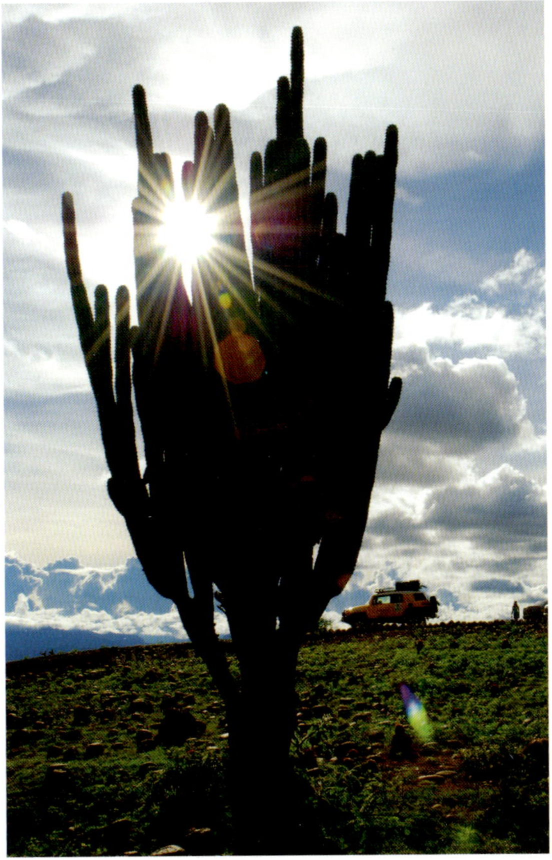

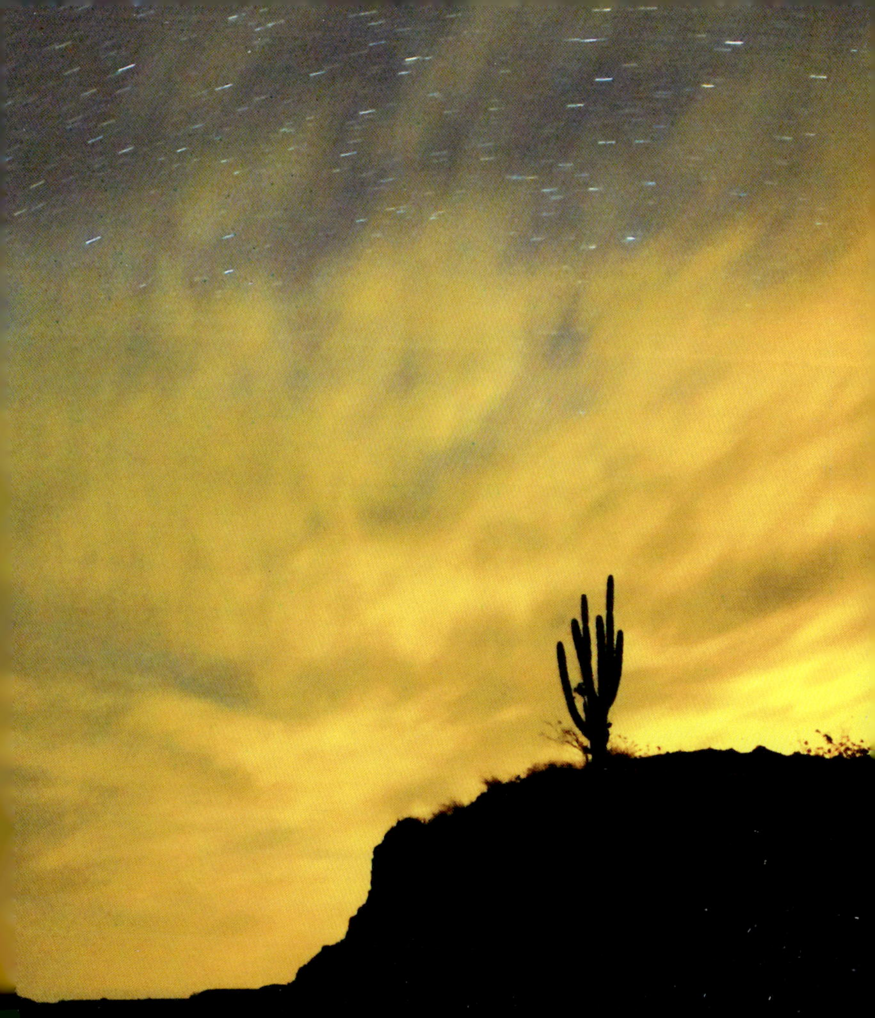

El litoral Pacífico
Departamentos de Chocó, Valle del Cauca, Cauca y Nariño

En el norte del litoral Pacífico colombiano, una de las regiones más lluviosas del planeta, la Serranía del Baudó se interna en las profundidades del océano y forma impresionantes acantilados que se alternan con pequeñas caletas de playa de arenas grises. En el norte del litoral, la abundante humedad ambiental ha permitido el desarrollo de una enmarañada selva tropical, catalogada como de las más diversas del mundo, gracias a la cantidad de especies de flora y fauna que la habitan, muchas de ellas exclusivas de la región.

Al norte de Cabo Corrientes, el océano, que en muchas partes golpea con furia los relieves rocosos, se torna manso al internarse en bellas y tranquilas bahías, cuya frondosa vegetación es la protagonista.

The Pacific Coast
Chocó, Valle del Cauca, Cauca and Nariño, Provinces

In the northern part of Colombia's Pacific coast, a region where rainfall figures are amongst the highest in the world, the Serranía del Baudó extends into the depths of the ocean and forms impressive cliffs that alternate with tiny pockets of grey-sand beach. The abundant rainfall and high humidity in this northern region has enabled a tangled web of tropical jungle to develop, a rainforest that is considered to be one of the most diverse in the world because of the vast quantity of wildlife species that are to be found there, many of them exclusive to this region.

The ocean, which hammers furiously against the rocky shoreline in many places, becomes calmer north of Cabo Corrientes as it enters calm, beautiful bays where the lush vegetation takes centre stage.

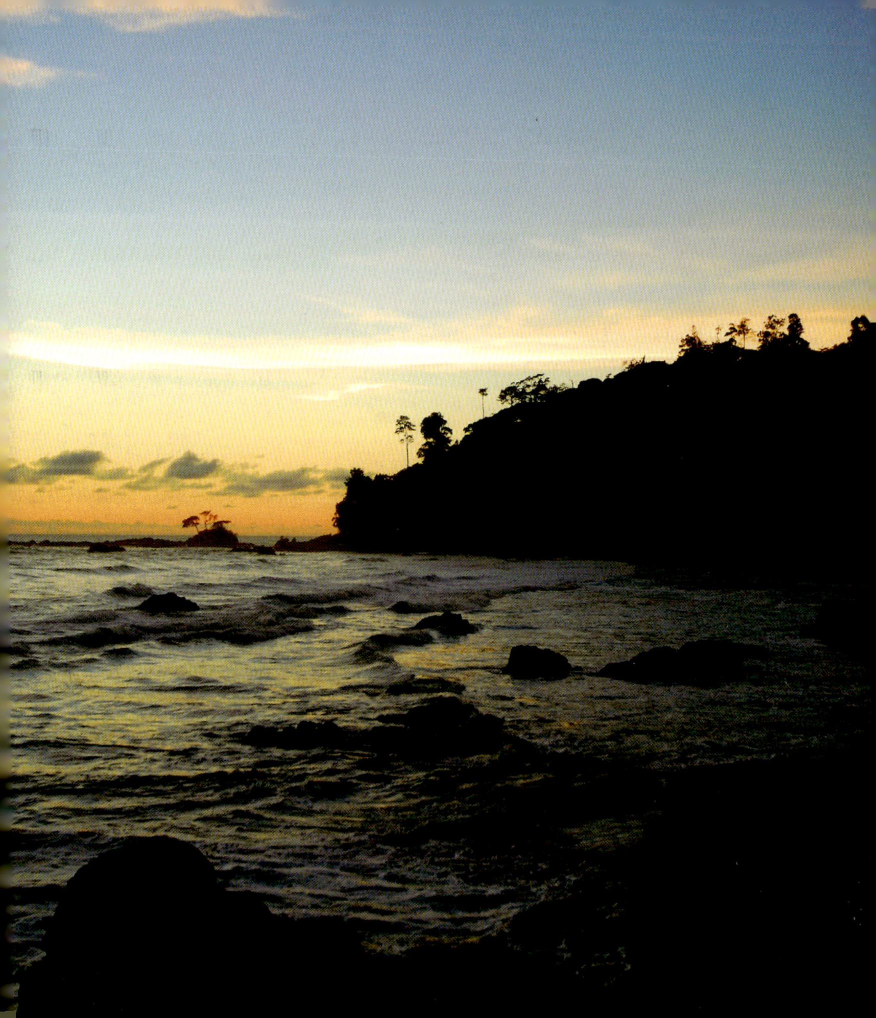

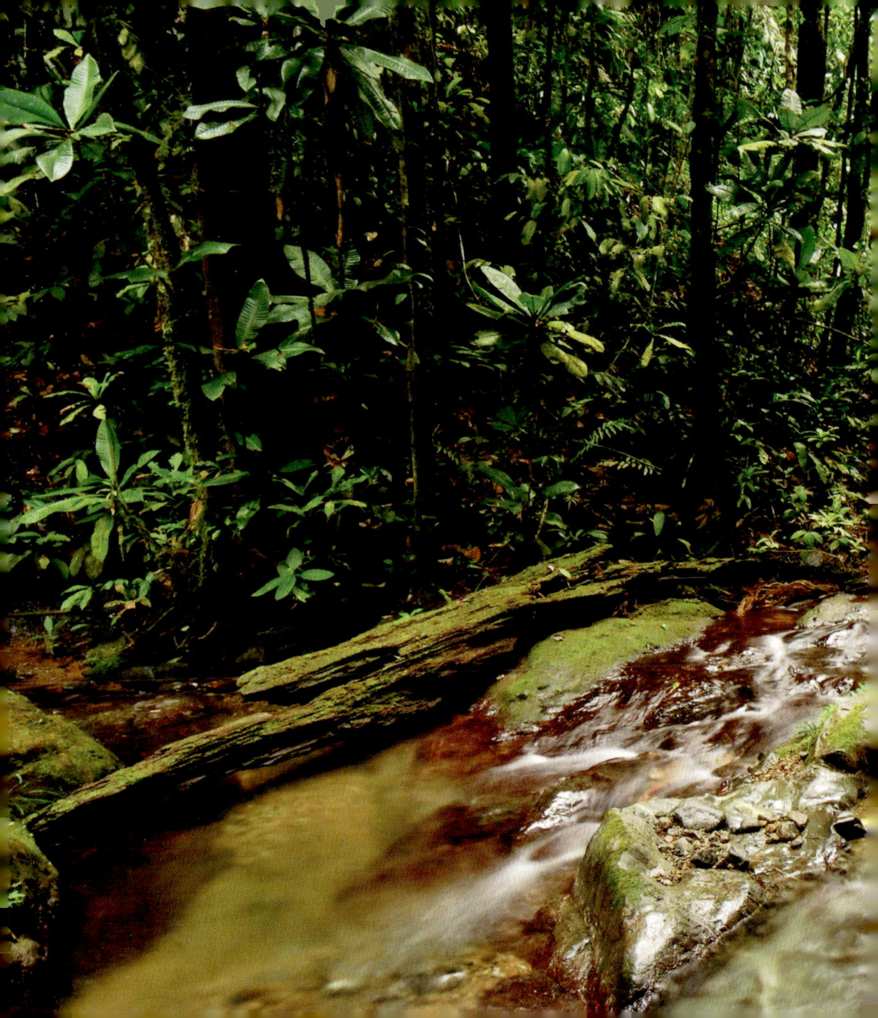

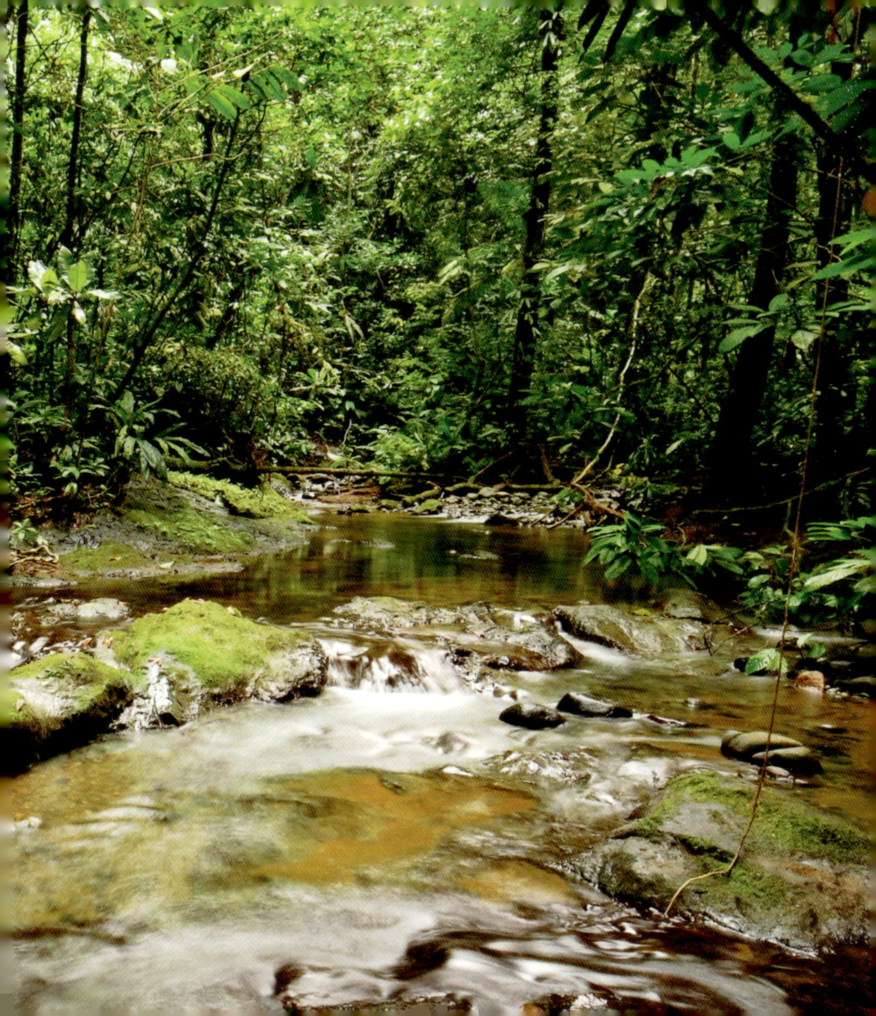

Página 77 Atardecer en el litoral rocoso de sector de El Valle.
Sunset over the rocky coastline in the El Valle area.

78-79. Una de las corrientes de agua que bajan de la Serranía del Baudó.
One of the streams that flow down from the Serranía del Baudó.

80. La Serranía del Baudó se hunde en las profundidades del océano Pacífico.
The Serranía del Baudó extends into the depths of the Pacific Ocean.

81. Pequeñas bahías de arenas grises se forman al abrigo de los acantilados.
Small bays with grey sand form in the shelter of the cliffs.

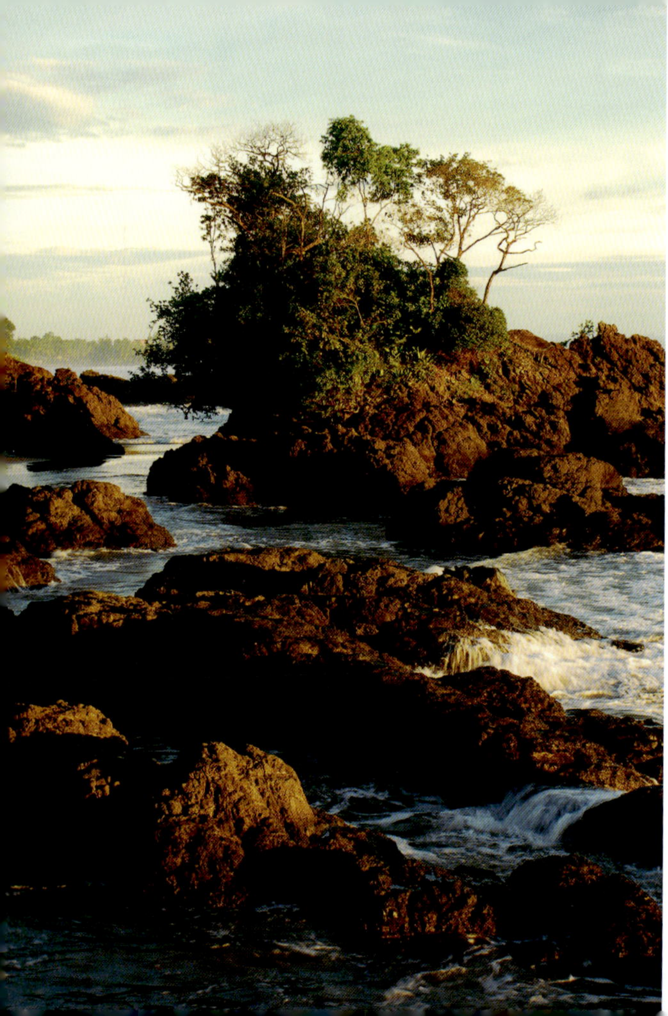

82. La dureza de la roca de los acantilados de El Valle es tallada por la acción del oleaje.
The hard rock of the El Valle cliffs is carved by the action of the waves.

83. Playas en las cercanías de Nuquí.
Beaches near Nuquí.

84-85. La aves marinas, como los pelícanos, aprovechan la abundancia de alimento.
Sea birds like pelicans take advantage of the abundant food on offer.

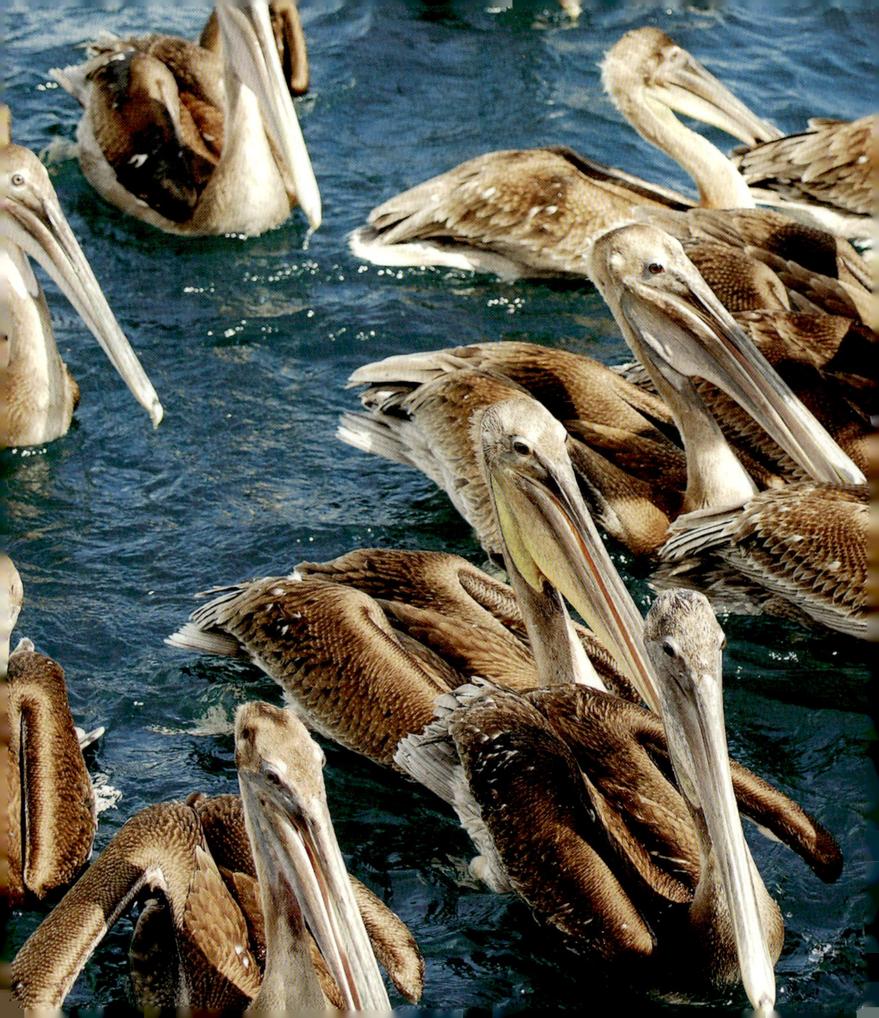

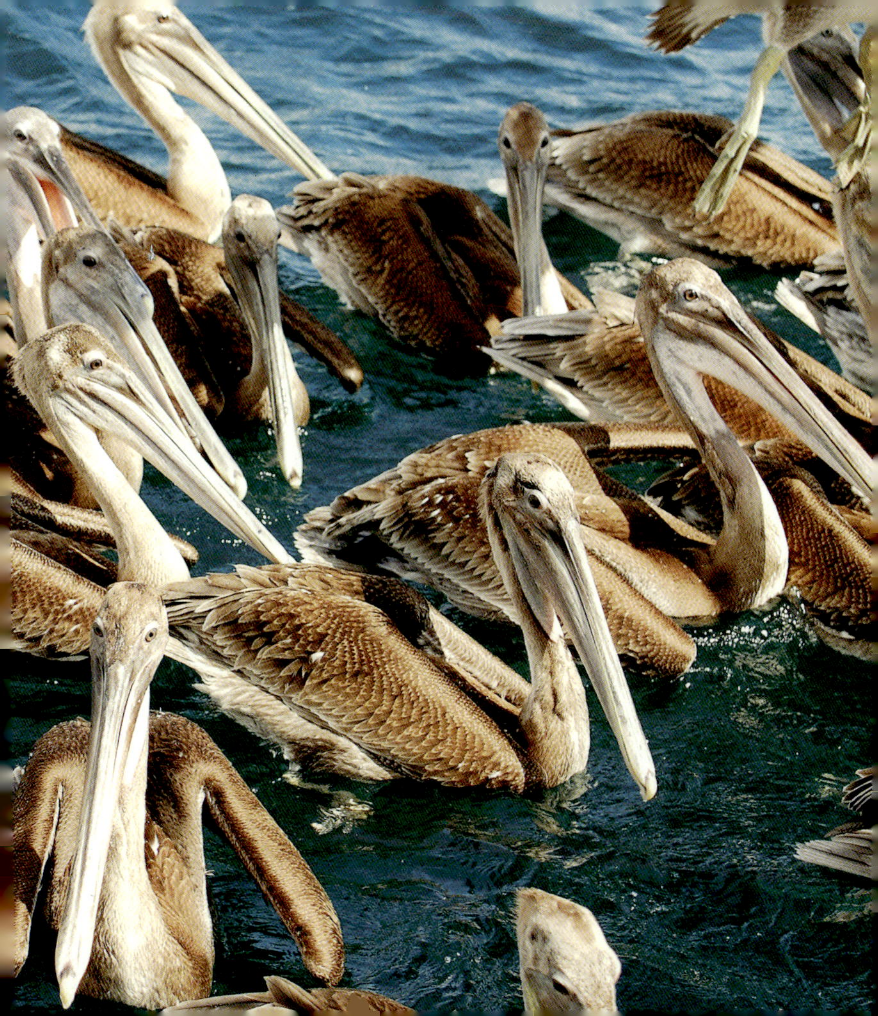

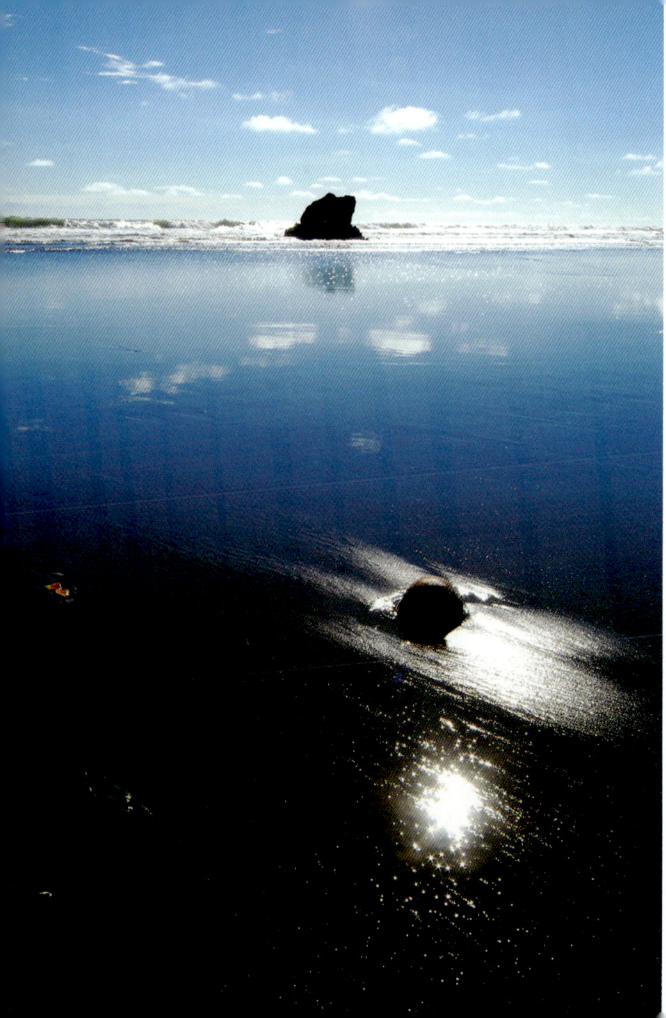

87

86. Las mareas, que alcanzan una diferencia de cuatro metros, inundan periódicamente las playas.
With a difference in level of four metres, the tide periodically
floods the beaches.

87. Sólo las rocas altas se libran de ser cubiertas por la marea.
Only the high rocks escape being covered over by the tide.

88-89. La cantidad de especies marinas permite que pescadores artesanales, buques pesqueros y aves marinas obtengan abundante alimento.
The large number of marine species means that stocks are always plentiful for the local fishermen, fishing boats and sea birds.

90-91. La selva virgen, en contacto con el océano, forma uno de los paisajes naturales más bellos de Colombia.
One of the most beautiful natural landscapes in Colombia is formed where virgin jungle comes into contact with the ocean.

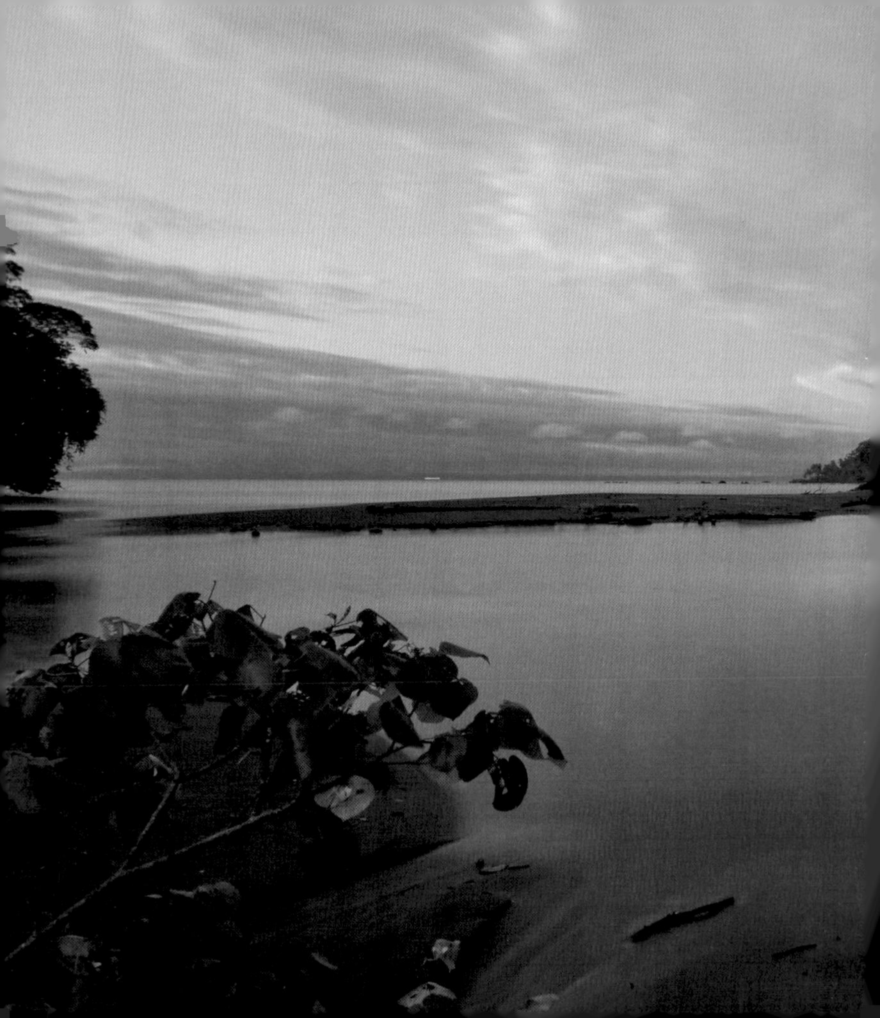

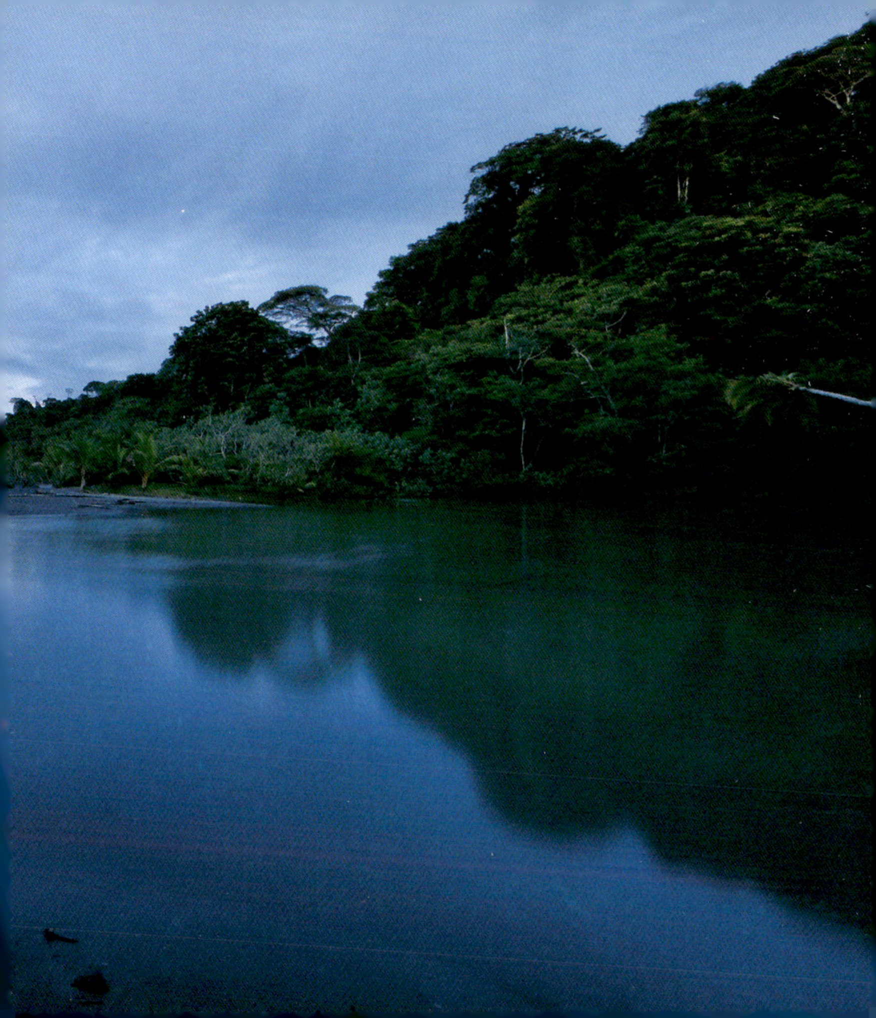

La Amazonia colombiana
Departamentos de Vaupés, Guainía, Amazonas, Guaviare, Caquetá, Putumayo y Meta

Colombia posee cerca de 450.000 km² de la selva tropical más grande del mundo, que cuenta con 5′500.000 km². Esta es una de las regiones más diversas y desconocidas del planeta, donde a diario se descubren nuevas especies de flora y fauna. Además del interminable tapete verde que la cubre, en la Amazonia colombiana se encuentran varias serranías y tepuyes aislados que forman parte del Escudo Guayanés, la formación geológica más antigua del planeta, y caudalosos ríos que al atravesar fallas geológicas, forman impresionantes saltos y raudales.

Estas selvas de climas extremos, habitadas por numerosas tribus indígenas que conservan buena parte de su cultura, mitos y tradiciones, es de las pocas regiones del planeta que aún se mantienen en su estado natural.

The Colombian Amazon
Vaupés, Guainía, Amazonas, Guaviare, Caquetá, Putumayo and Meta Provinces

Colombia possesses almost 450,000 km² of the biggest tropical jungle in the world, which covers a total area of 5,500,000 km². This is one of the most diverse yet most unknown regions on earth, one where new species of flora and fauna are being discovered every day. Apart from the endless green carpet that covers it, various ranges and isolated outcrops that are part of the Guyana Shield, the oldest geological formation on earth, can be found in Colombia's Amazon region, along with fast-flowing rivers that form waterfalls and raging torrents as they cross geological faults.

This jungle, with its extreme climate, is inhabited by numerous indigenous tribes who still retain much of their culture and many of their myths and traditions, and it is one of the few natural regions that are still to a large extent in their natural state.

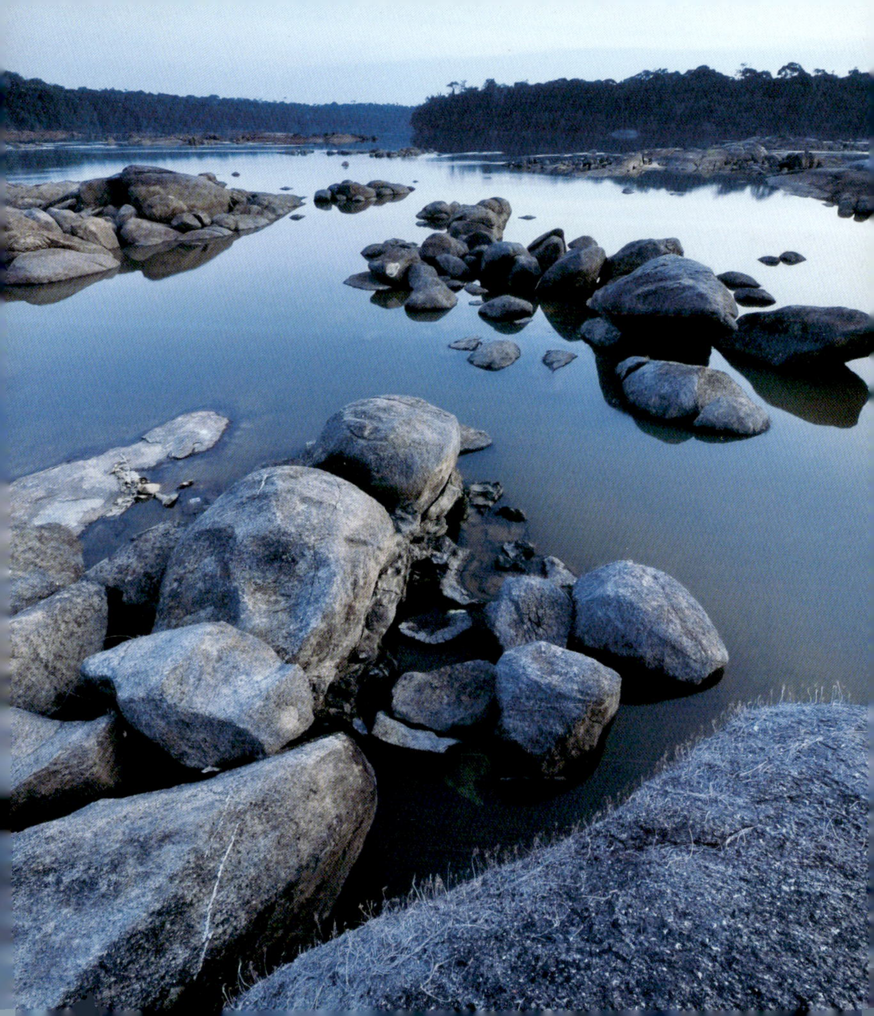

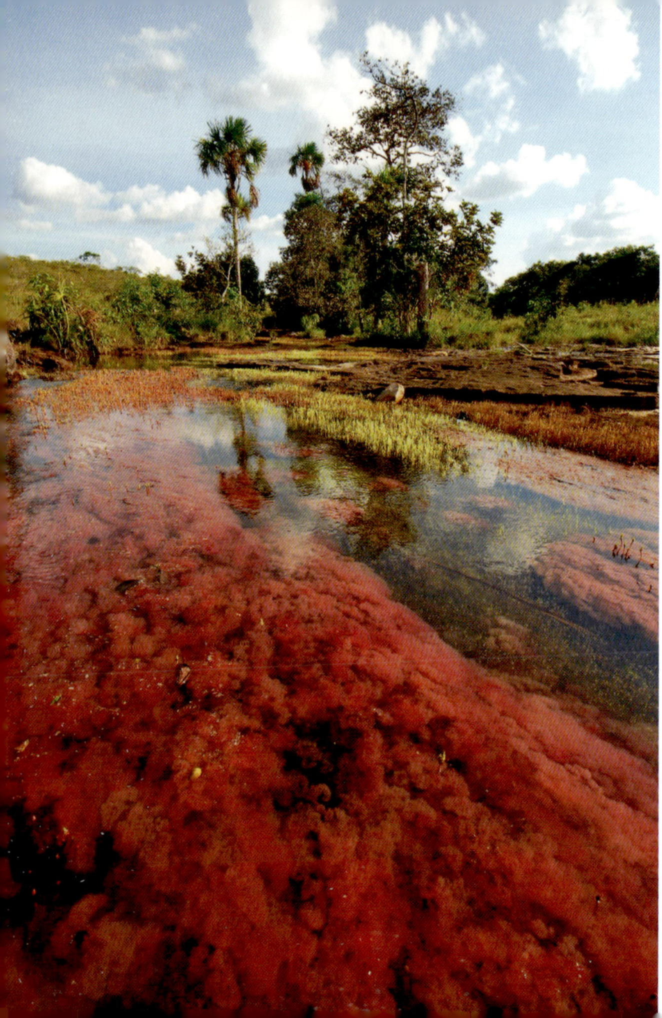

93. Amanecer en el río Inírida.
Dawn on the River Inírida.

94. Algas rojas en el fondo de un caño en la Serranía de La Lindosa.
Red algae on the bed of a stream on the Serranía de la Macarena.

95. La fuerza del agua ha tallado las duras rocas del lecho de Caño Cristales, Serranía de La Macarena.
The force of the water has carved the hard rocks on the bed of Caño Cristales, Sierra de la Macarena.

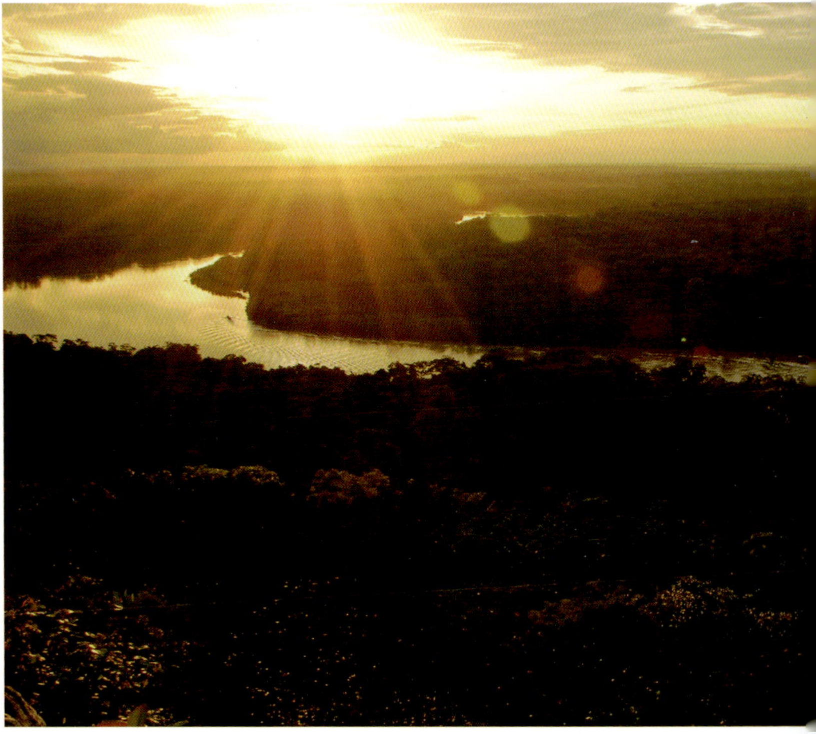

96-97. El río Guaviare marca el límite entre la selva amazónica y la sabana de la Orinoquía.
The River Guaviare forms the boundary between the Amazon jungle and grasslands of Orinoquía.

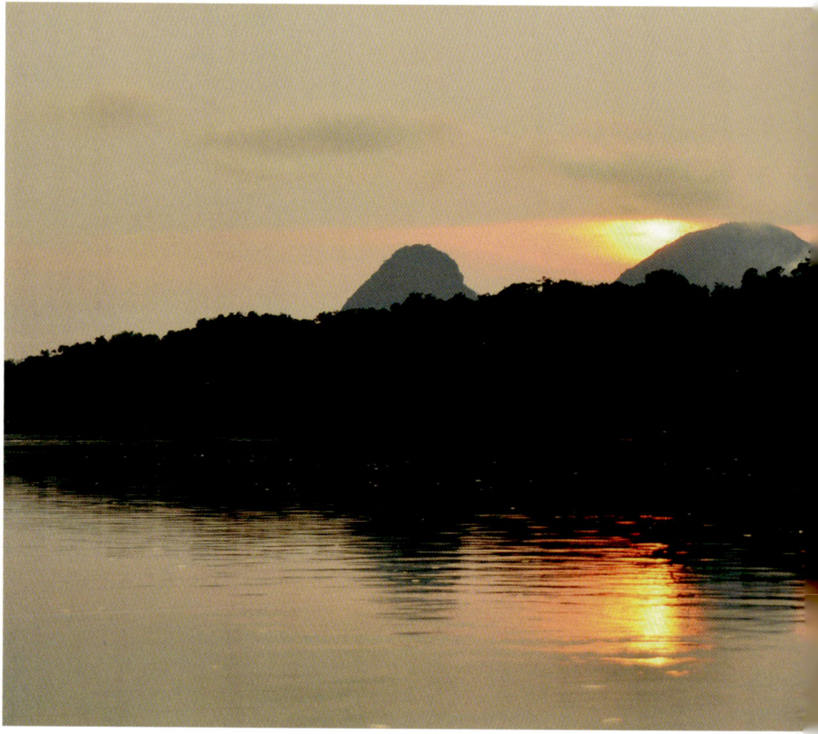

98-99. *Los cerros de Mavecure, son formaciones rocosas de más de 350 m de altura que se levantan sobre el dosel de la selva.*
The Mavecure Hills are rocky formations more than 350 metres high that rise up from the jungle canopy.

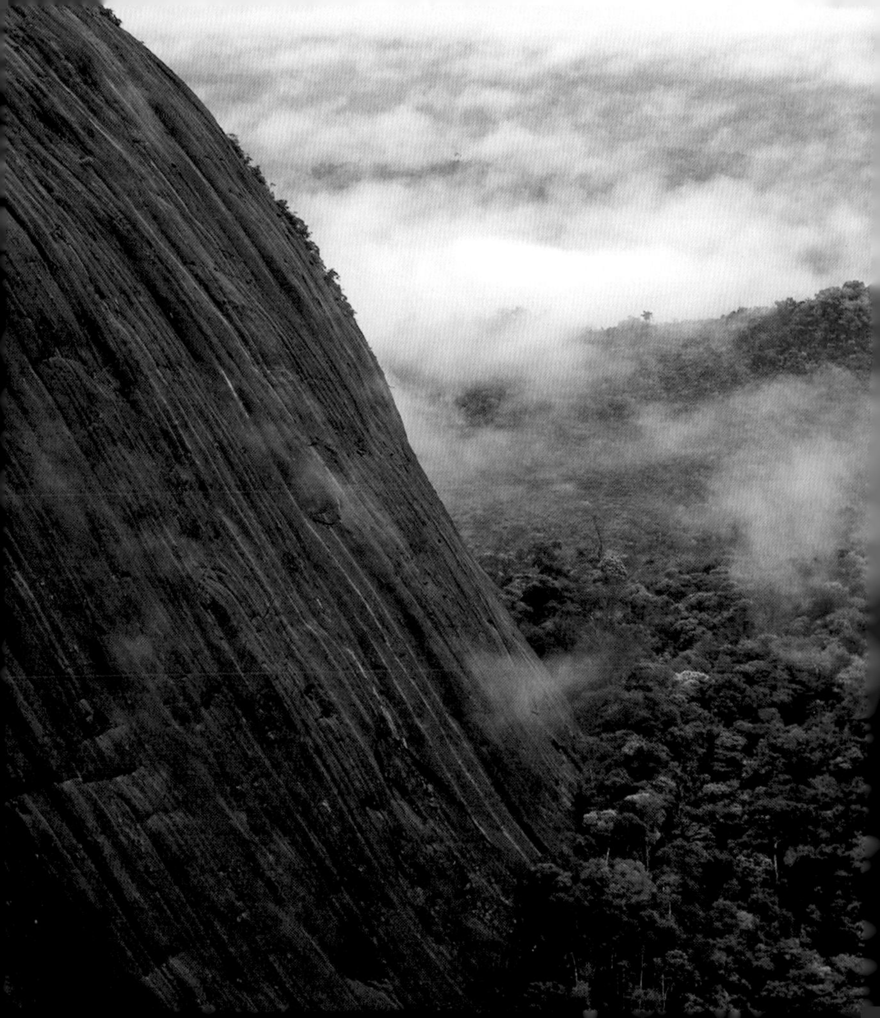

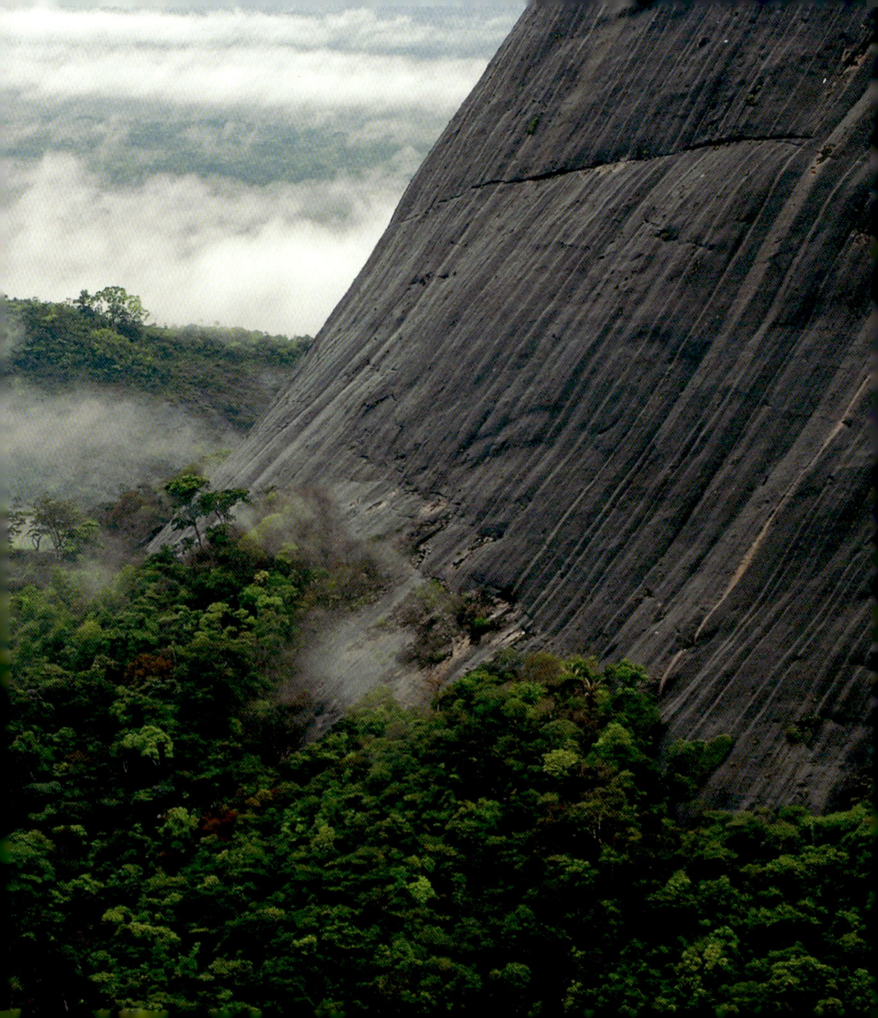

100-101. Base de los cerros de Mavecure, departamento de Guainía, en una mañana de invierno.
Bottom of the Mavecure Hills in Guaviare Province, one morning in the rainy season.

102. Raudal Zamuro en el río Inírida.
Zamuro falls on the River Inírida.

103. Los ríos de la Amazonia, como el Inírida, son la principal vía de comunicación en esta extensa selva.
The rivers in Amazonia, such as the Inírida, are the principal means of communication in the vast jungle.

104-105. El raudal Alto de Caño Mina, departamento de Guinía, presenta una coloración rojiza en sus aguas, debido a los taninos de la vegetación circundante.
The water in the Alto de Caño Mina falls in Guainía Province are a reddish colour because of the tannins in the surrounding vegetation.

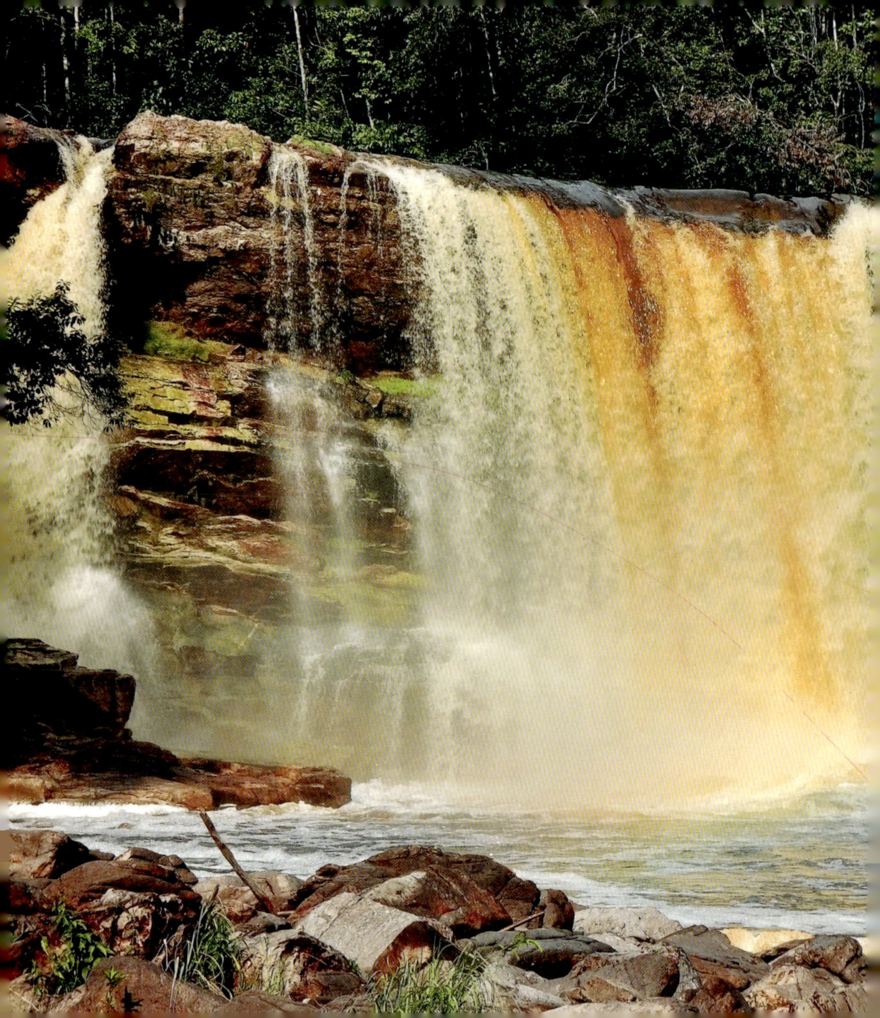

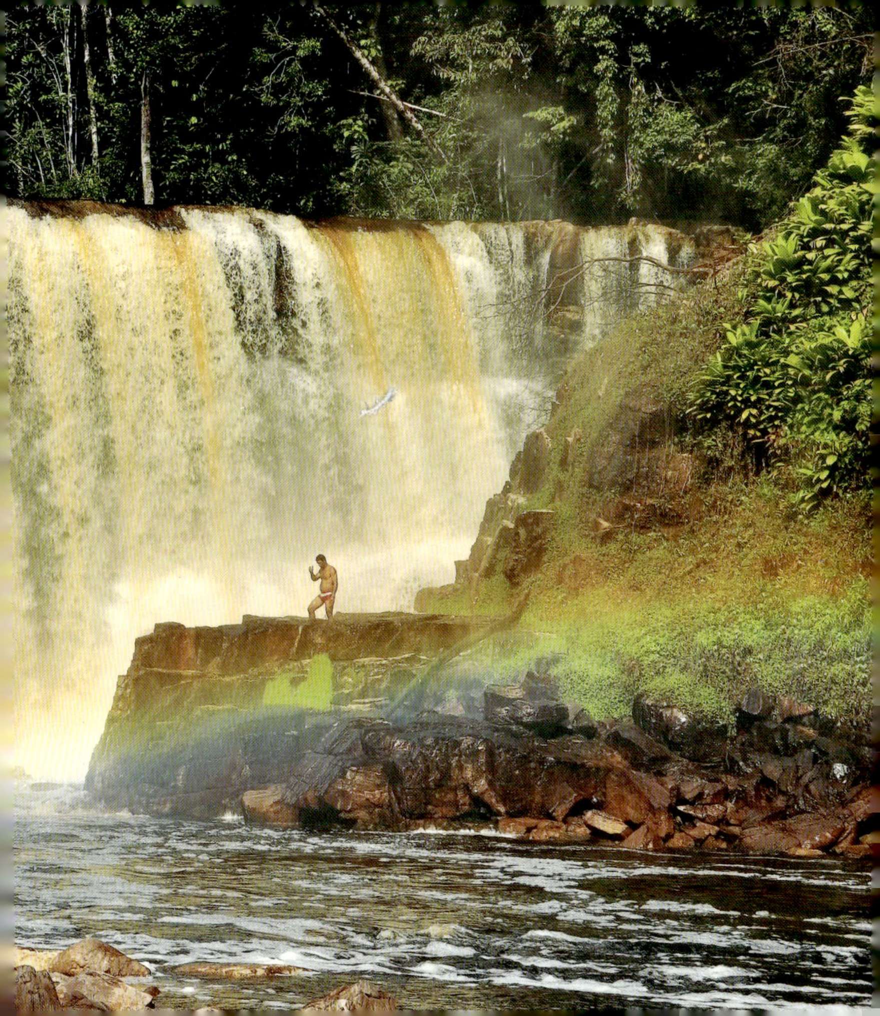

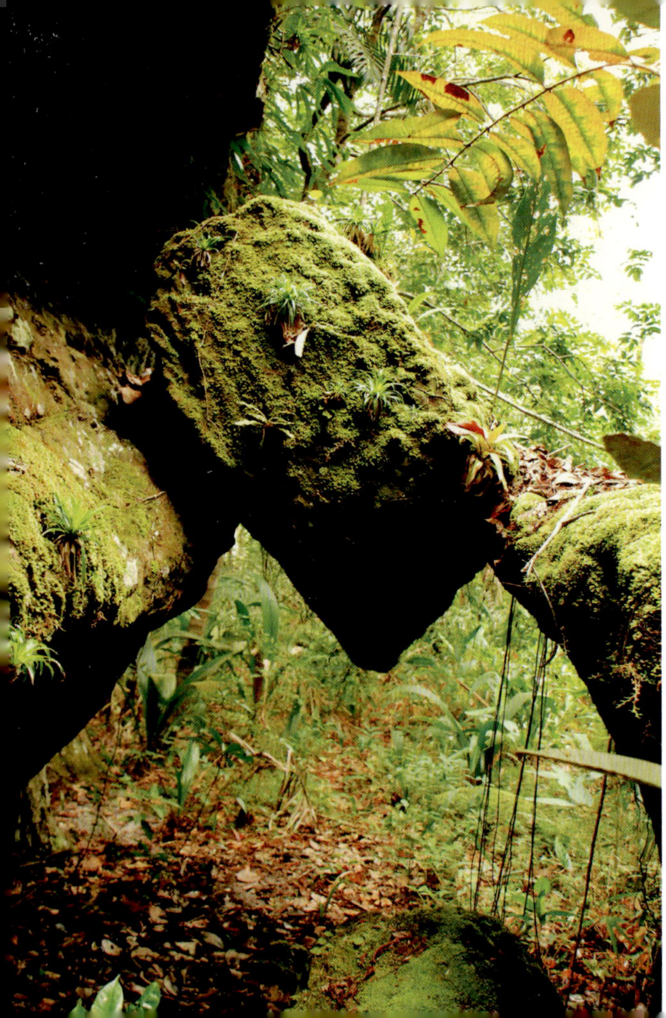

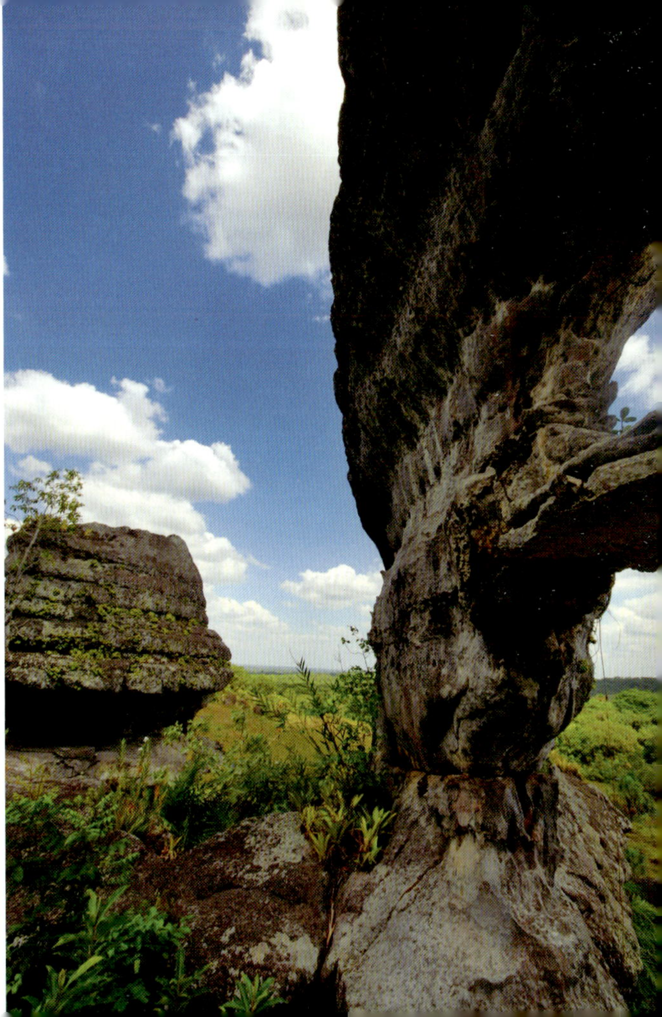

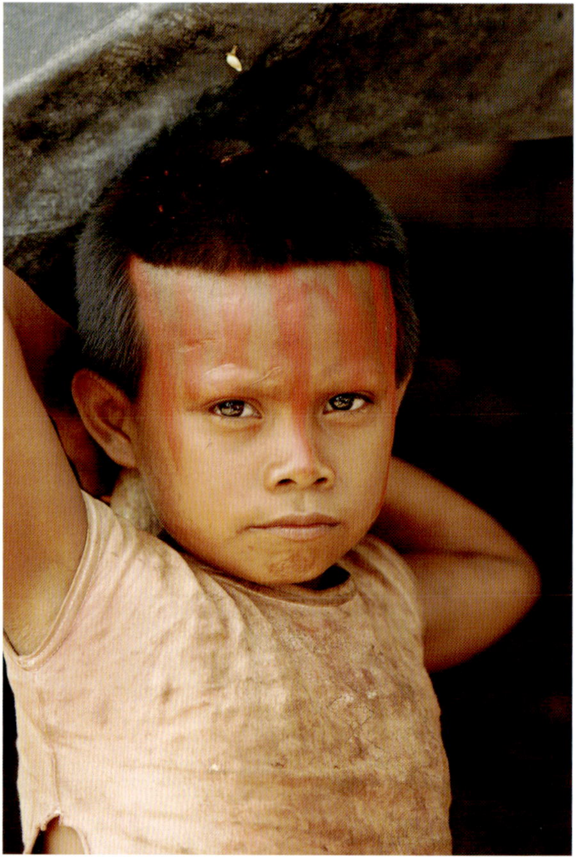

106. La humedad de las zonas cercanas al río Guayabero permite el crecimiento de la vegetación, incluso sobre las rocas.
The moisture in areas near the River Guayabero has meant that vegetation can grow even on rocks.

107. El viento y el agua han tallado diversas formas en las rocas areniscas de la Serranía de La Lindosa.
Wind and water have together carved various shapes on the sandstone rocks of the Serranía de la Lindosa.

108. Los Nukak son una de las pocas comunidades nómadas que aún viven en la Amazonia.
The Nukaks are one of the few nomadic communities that still live in Amazonia.

109. En muchos abrigos rocosos, los primeros pobladores de la selva dejaron su huella indeleble.
The earliest settlers in the jungle left their indelible mark in many rocky shelters.

Página 110. Playones de arenas blancas en las riberas del Vaupés.
White sand beaches on the banks of the River Vaupés.

Página 111. Atardecer en en el río Vaupés.
Sunset over the River Vaupés.

Página 112-113. El raudal Jirijirimo en el río Apaporis, uno de los más altos y caudalosos de la Amazonia.
Jirijirimo falls on the River Apaporis, amongst the highest and biggest in Amazonia.

Páginas 114-115. El río Apaporis se precipita por una estrecha garganta conocida como Jirijirimo.
The River Apaporis plunges through a narrow gorge called the Jirijirimo.

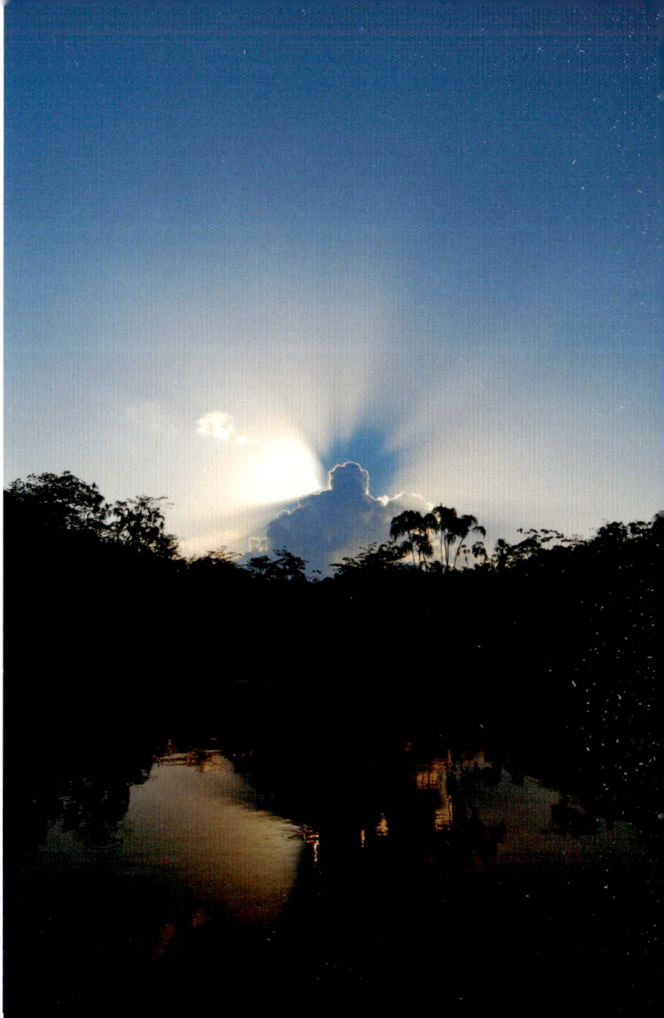

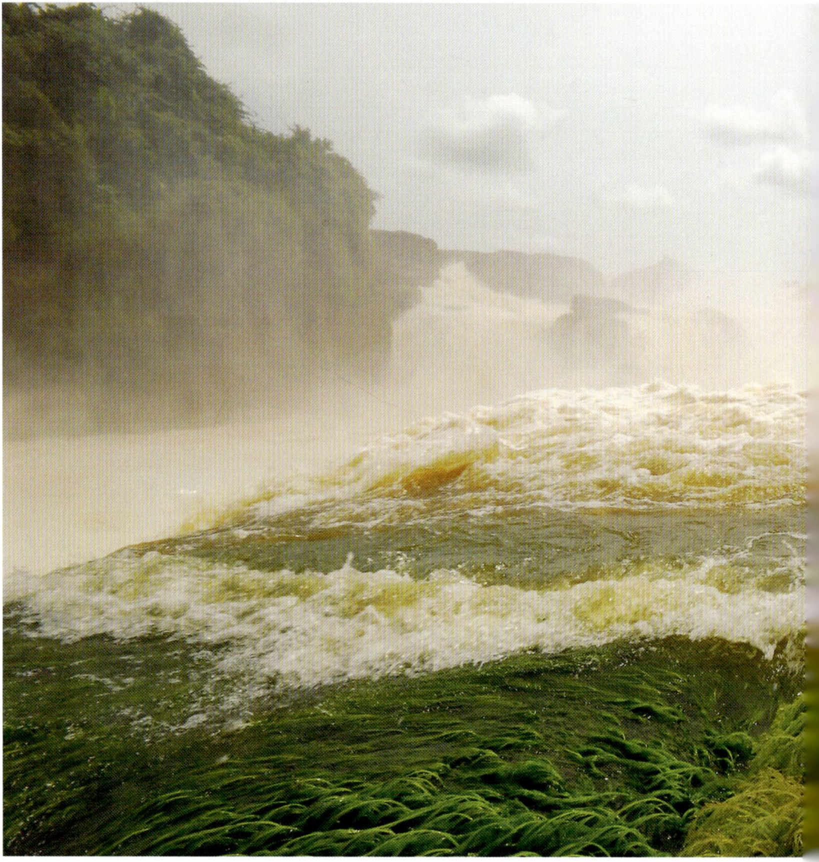

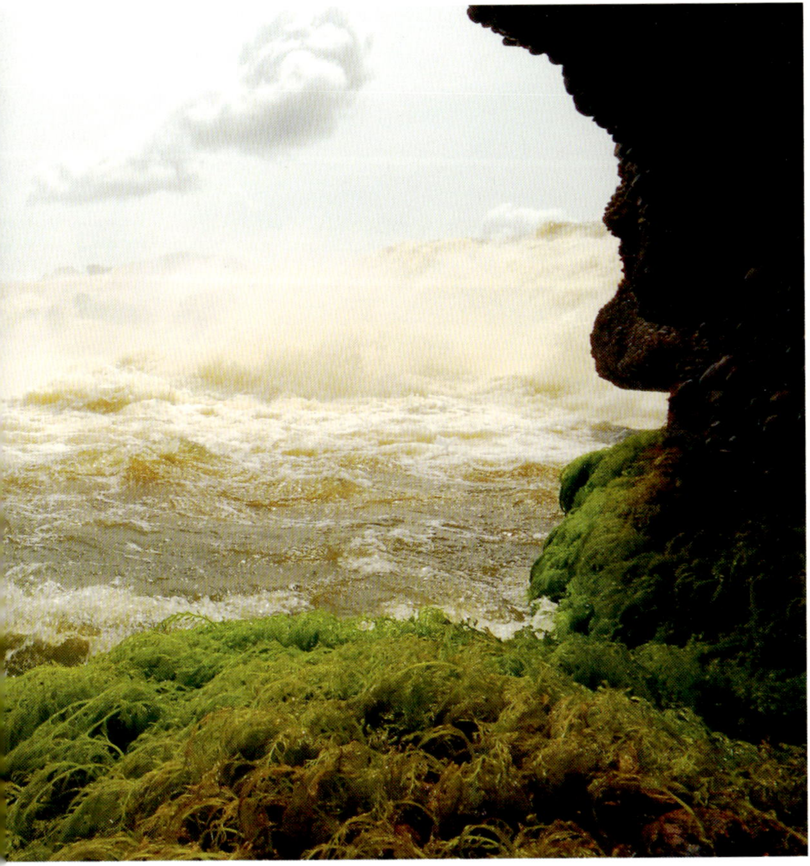

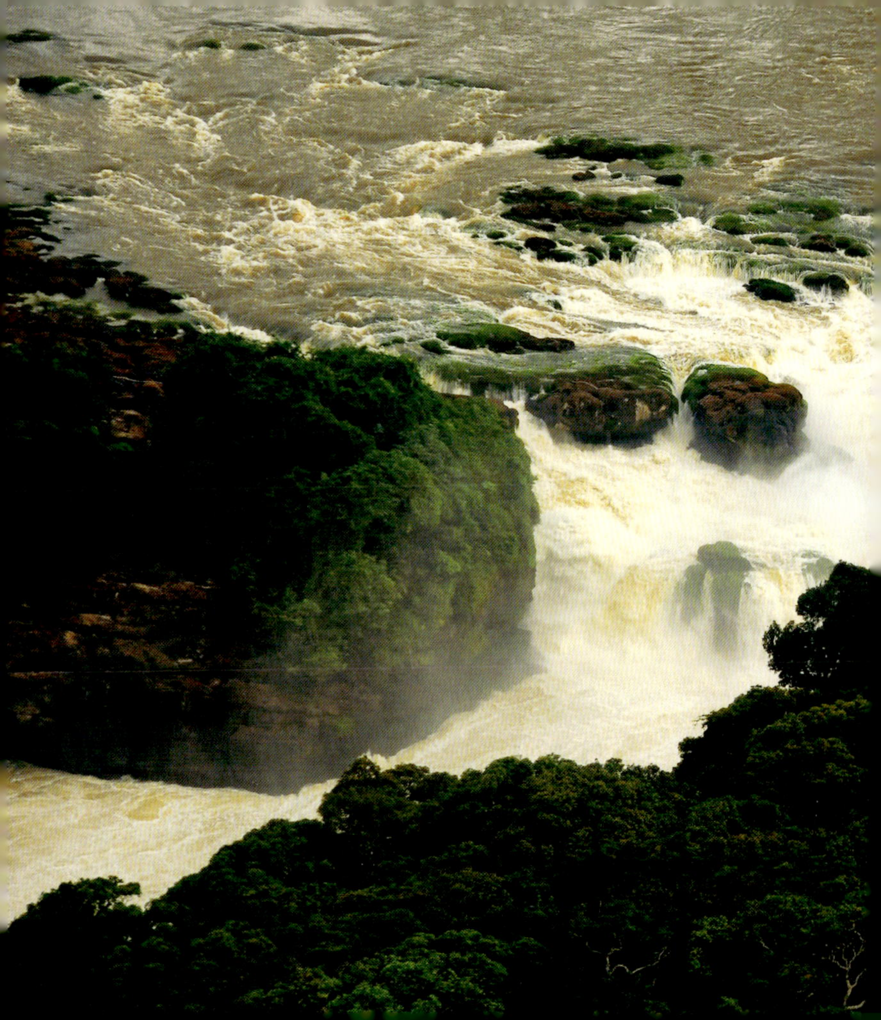

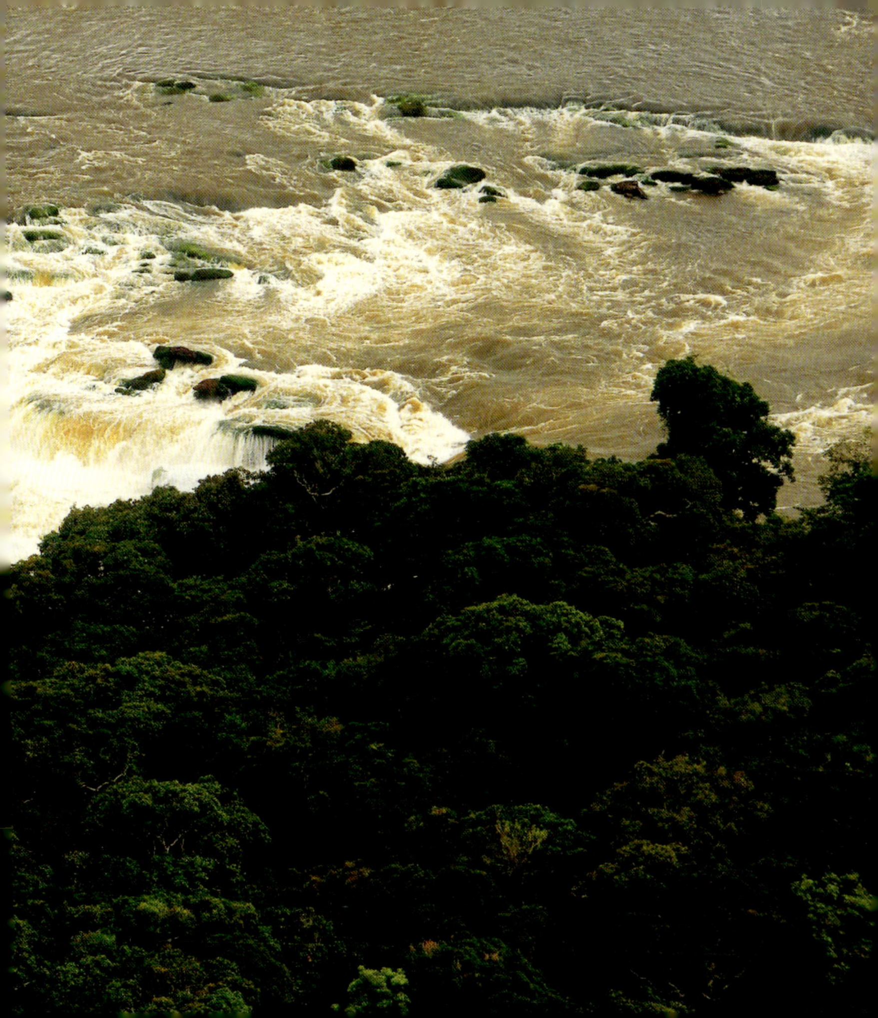

EL ALTO VALLE DEL RÍO SUAZA
Departamento de Huila

En el lugar donde la cordillera Oriental comienza su recorrido hacia el norte, en la parta alta del río Suaza, un pequeño valle y sus montañas circundantes guardan verdaderos tesoros: una frondosa selva andina atravesada por numeroso cursos de agua y la espectacular Cueva de Los Guácharos.

Las abundantes lluvias que se presentan casi todo el año generan excesiva humedad, lo que permite el desarrollo de un exuberante bosque donde todo el espacio disponible es ocupado por la vegetación. En el interior de la selva se encuentran numerosas cascadas de aguas cristalinas y la Cueva de Los Guácharos, un sistema de cavernas y puentes naturales tallado por la fuerza de la corriente del Suaza, donde además de murciélgos y otras especies, habita el guácharo, ave nocturna y frujívora que emite impresionantes chillidos.

THE UPPER SUAZA VALLEY
Huila Province

At the point where the eastern cordillera begins its journey northwards, in the upper reaches of the River Suaza, a small valley and its surrounding mountains conceal a number of real treasures: lush Andean forest crossed by numerous streams, and the spectacular Los Guácharos Cave.

The abundant rainfall throughout virtually the whole year gives rise to excessive humidity, and this has meant that a lush forest has grown where every available inch of space is taken up by vegetation. Inside this jungle are numerous waterfalls with crystal-clear water, and also Los Guácharos Cave, a system of caverns and natural bridges that have been carved out by the force of the River Suaza and where not only bats and other species live, but also the oilbird (guacharo), a fruit-eating night bird that gives off impressive screeches.

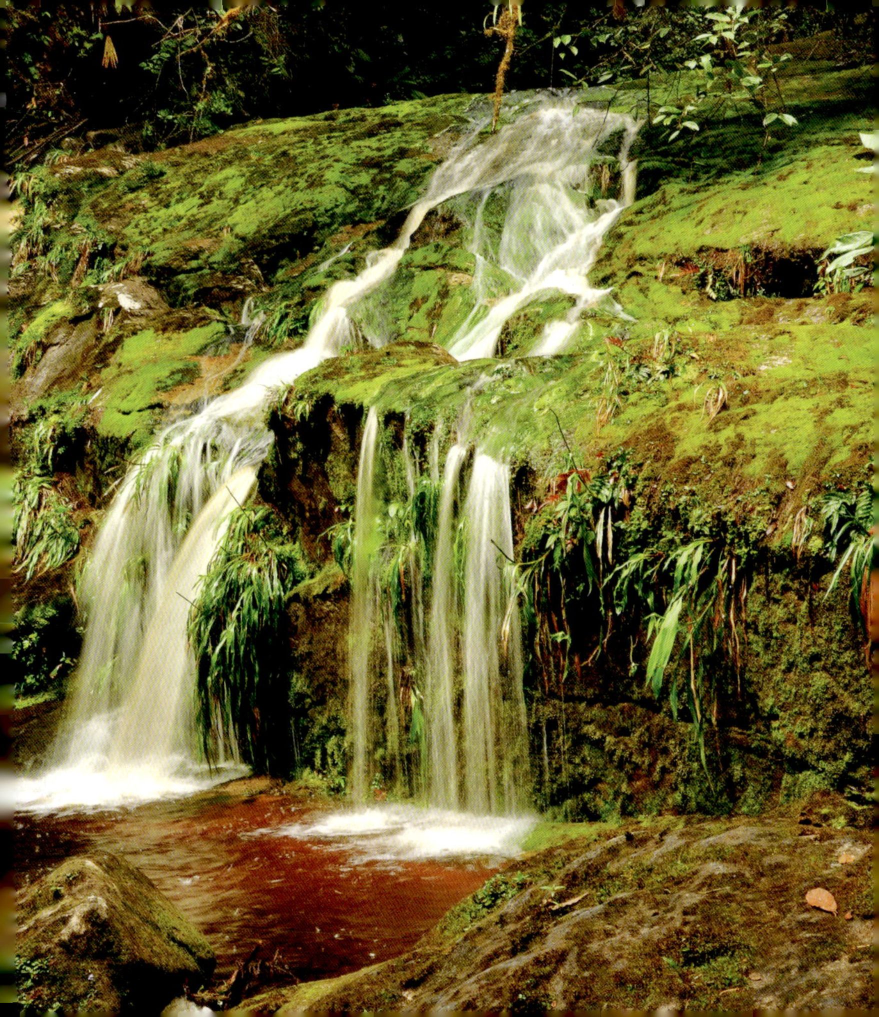

117. La humedad ambiental permite el crecimiento de musgos y plantas epífitas en toda el área.
The humidity means that mosses and epiphyte plants grow over the whole area.

118. Uno de las caídas de agua que se presentan en el curso de la quebrada La Lindosa.
One of the waterfalls on the La Lindosa stream.

119. Los troncos de los árboles del bosque andino o bosque de niebla, soportan infinidad de epífitas.
An infinite variety of epiphytes grows on tree trunks in the Andean forest or cloud forest.

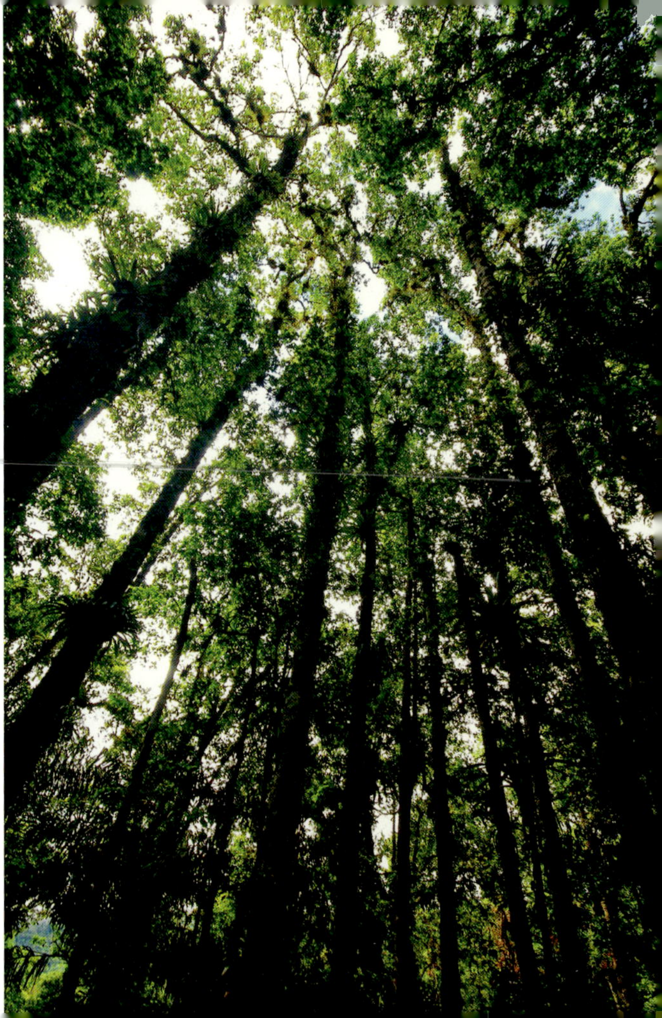

120. El agua corre por el lecho rocoso del río Suaza.
Water runs along the rocky bed of the River Suaza.

121. Detalle de la corriente en la quebrada La Lindosa.
Close-up of the current in the La Lindosa stream.

121

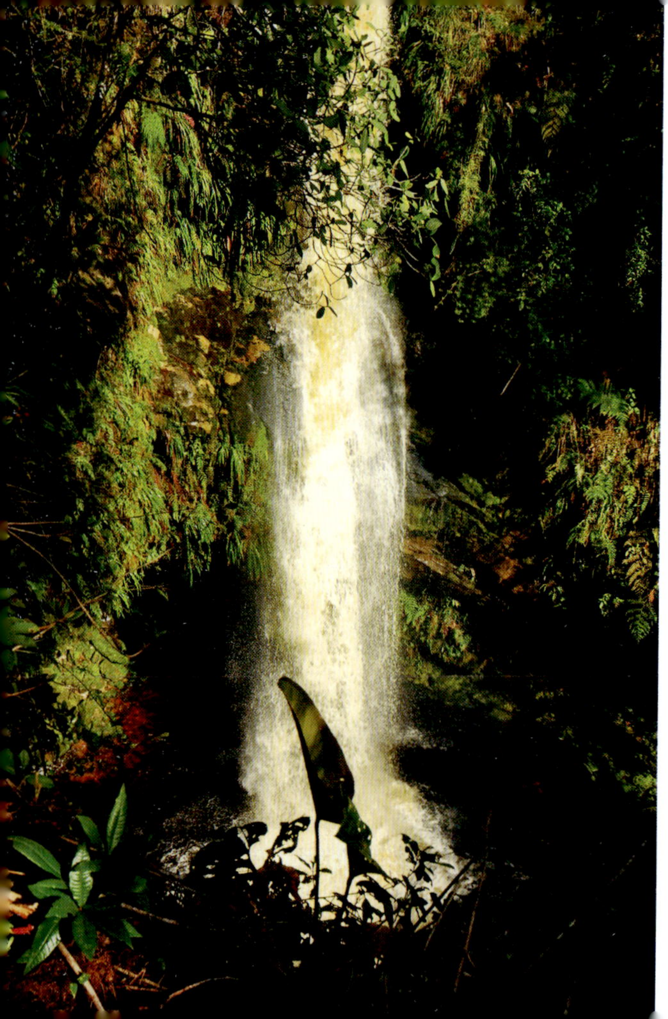

122-123. De la cordillera bajan numerosos cursos de agua en los que se forman pintorescas caídas de agua.
Numerous streams flow down from the cordillera, and many picturesque waterfalls form in these.

124-125. Los taninos de la vegetación le dan una coloración rojiza al agua que desciende veloz por las montañas.
Tannins in the vegetation give the water that flows quickly down from the mountains a reddish colour.

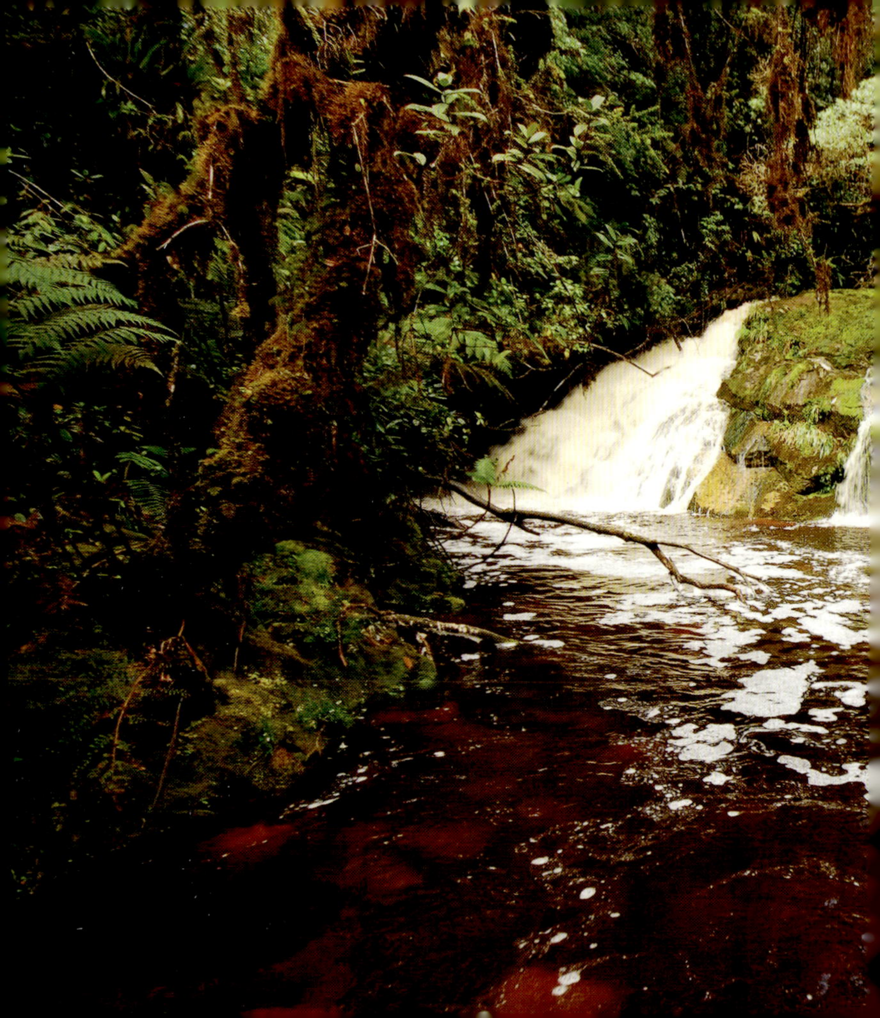

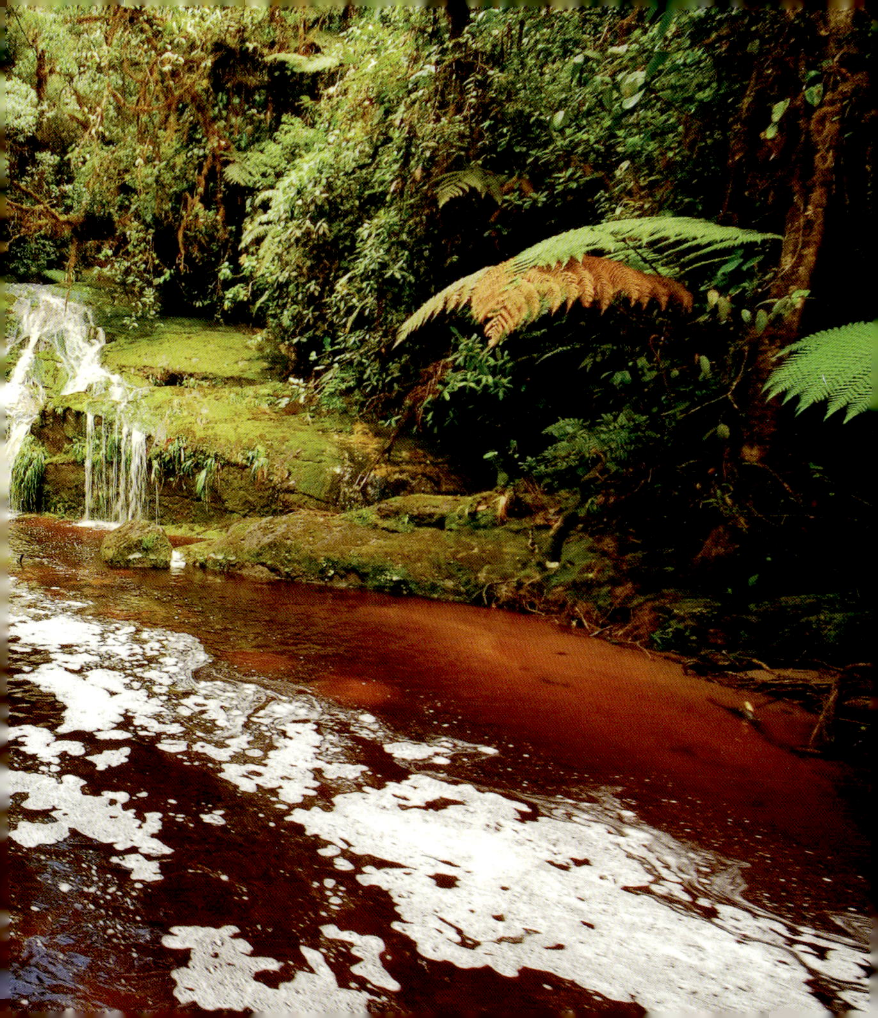

126. Durante siglos la corriente del río Suaza se ha abierto paso a través de la montaña.
The River Suaza has forced its way through the mountains for centuries.

127. Las estalactitas y estalagmitas le dan un ambiente de misterio a las cavernas donde habitan los guácharos.
Stalactites and stalagmites give an air of mystery to the caves where the oilbirds live.

128. Puente natural formado por la corriente del río Suaza.
Natural bridge formed by the current of the River Suaza.

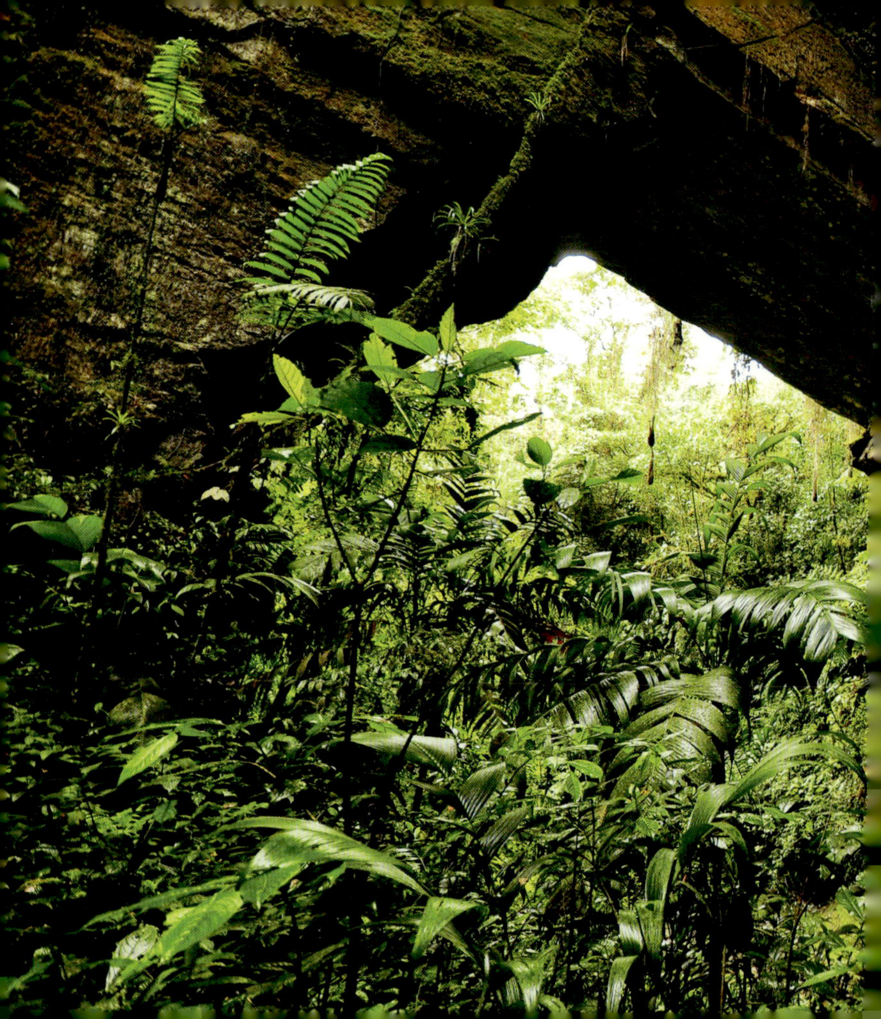

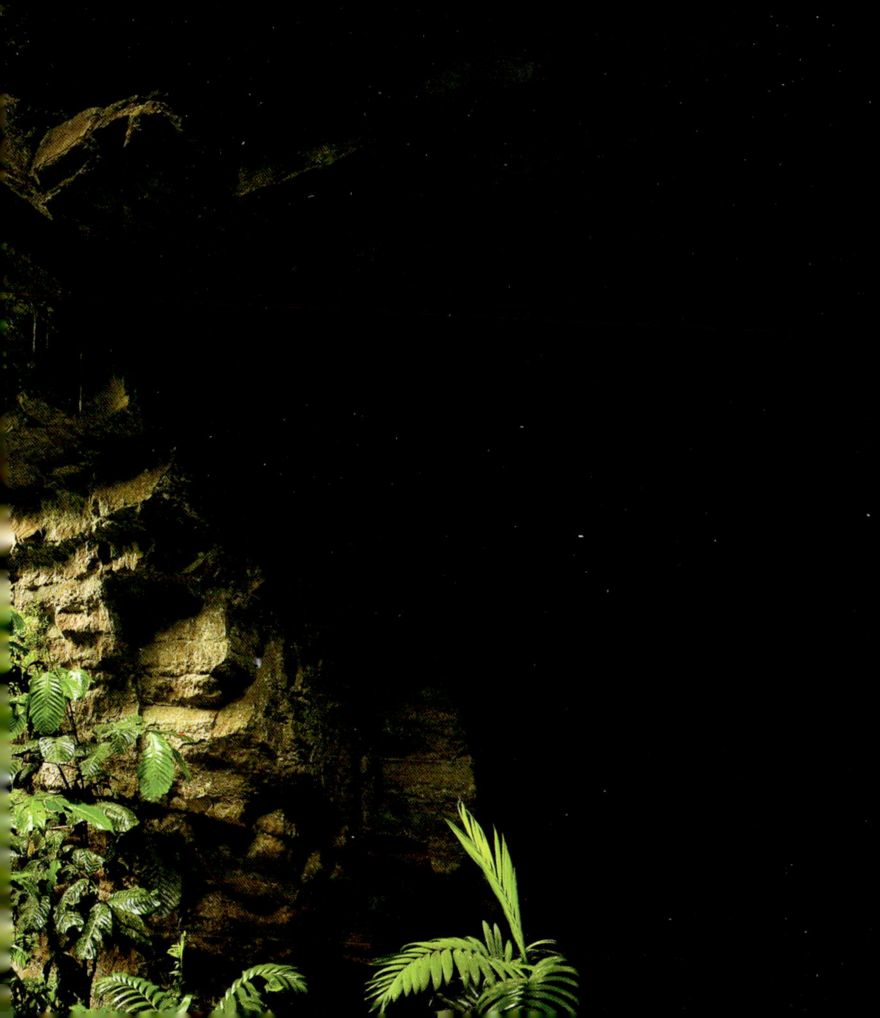

Las sabanas inundables
Departamento de Casanare

En la Orinoquia de Colombia, el río Meta marca el límite entre la altillanura y la sabana inundable, la cual corresponde a terrenos bajos que permanecen inundados la mayor parte del año, debido a los fuertes inviernos de la zona. Allí, la vegetación, la fauna y el hombre, han tenido que adaptar su forma de vida a esta condición cambiante del medio; durante el verano las reservas de agua se reducen a espacios muy limitados, donde se concentra toda la fauna, mientras que en sus alrededores la vegetación lucha por sobrevivir hasta la próxima temporada de lluvias.

El invierno se prolonga por más de nueve meses, durante los cuales las matas de monte y los pastizales permanecen anegados y la fauna se dispersa por la sabana en busca de alimento; los habitantes de la región también programan sus actividades de acuerdo con estos ciclos naturales.

The Floodable Grasslands
Casanare Province

In Colombia's Orinoco region, the River Meta marks the boundary between the high plains and the floodable grasslands, which are areas of low-lying land that remain flooded for much of the year because of the long rainy season in that part of the country. There, vegetation, wildlife and man have had to adapt their way of life to this changing environment. Water reserves in the dry season are limited to only very small areas, where all the wildlife congregates, while in surrounding parts the vegetation struggles to survive until the next rainy season arrives.

The rainy season lasts for more than nine months, during which time plants remain flooded and wildlife moves to other parts of the grasslands in search of food. The local inhabitants also arrange their activities around these natural cycles.

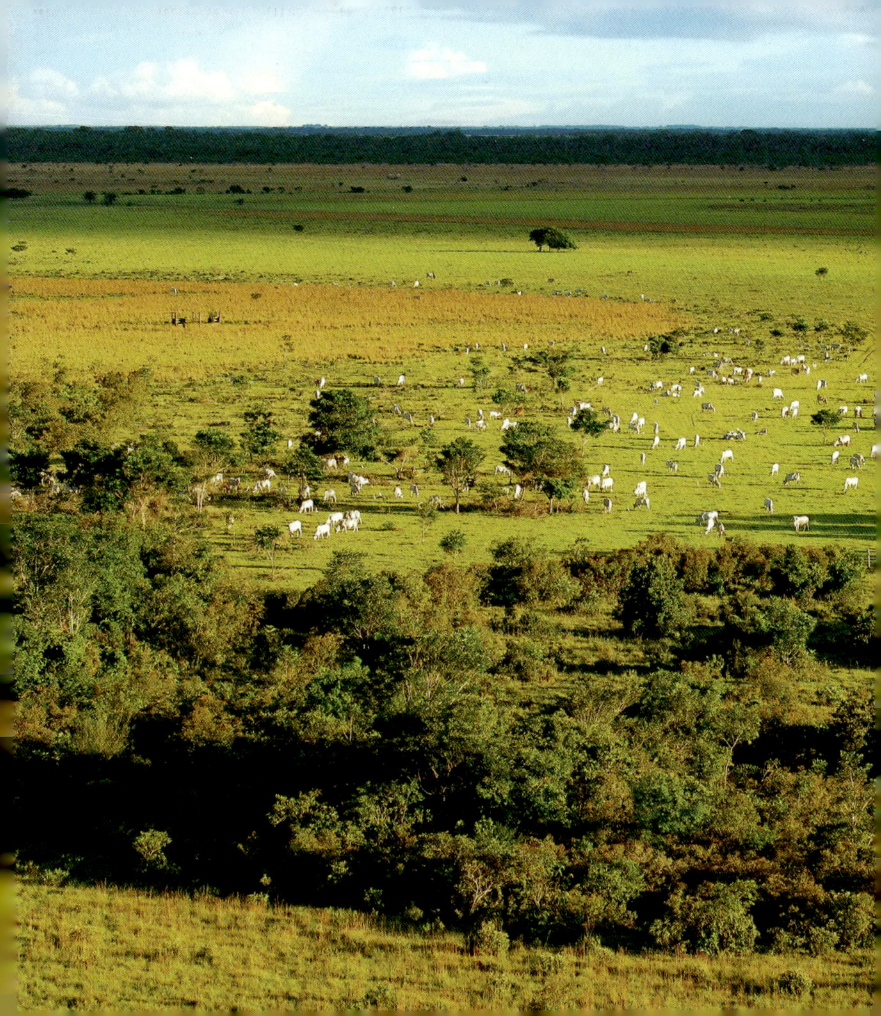

131. *Sabana con sus pastizales verdes después de un prolongado invierno.*
Grassland with green pastures after a prolonged rainy season.

132-133. Buena parte de los terrenos queda cubierta por el agua durante la temporada de lluvias.
Much of the land is underwater during the rainy season.

134. *Mata de monte rodeada por las aguas.*
Wild plant surrounded by water.

135. La vegetación ha desarrollado mecanismos que le permiten sobrevivir en este medio cambiante.
The vegetation has developed mechanisms that enables it to survive in this changing environment.

136. Los caballos salvajes forman manadas en torno a un macho dominante.
Wild horses form groups around a dominant male.

137. *Viuditas o patos de árbol, aves llaneras adaptadas a las inundaciones.*
Viuditas, or tree ducks, are birds from the plains that have adapted to the floods.

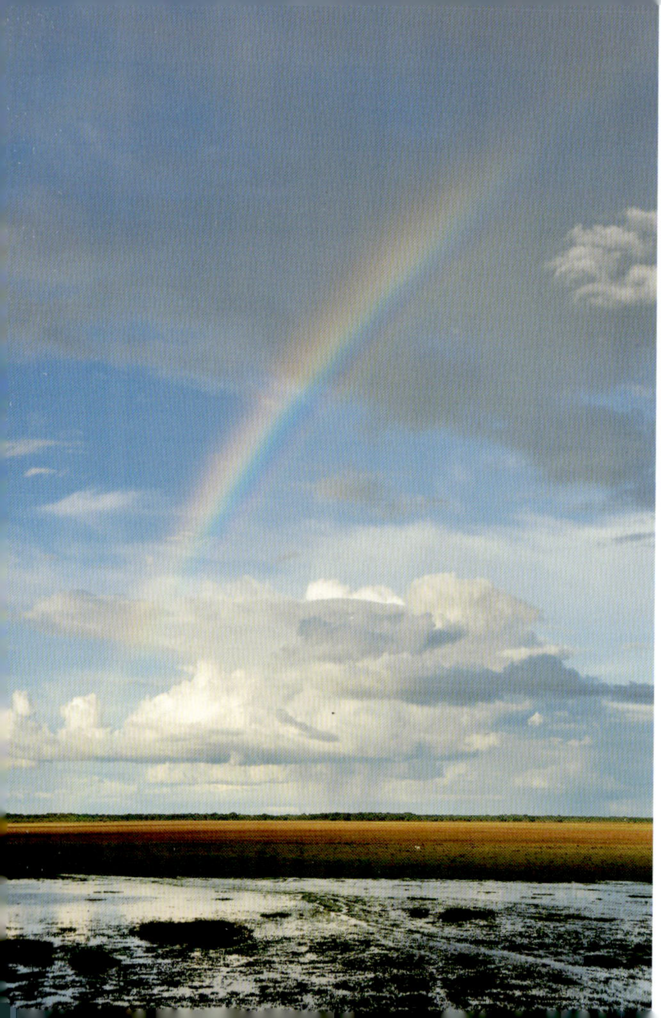

138. *Una pausa soleada se presenta durante el crudo invierno.*
A sunny pause occurs in the hard rainy season.

139. *En las madrugadas invernales la neblina se levanta lentamente.*
The early morning mist rises only slowly in the rainy season.

140-141. *Amanecer en la rivera del río Cravo.*
Dawn on the banks of the River Cravo.

142-143. *Tormenta en la reserva Palmarito.*
Storm at the Palmarito Reserve.

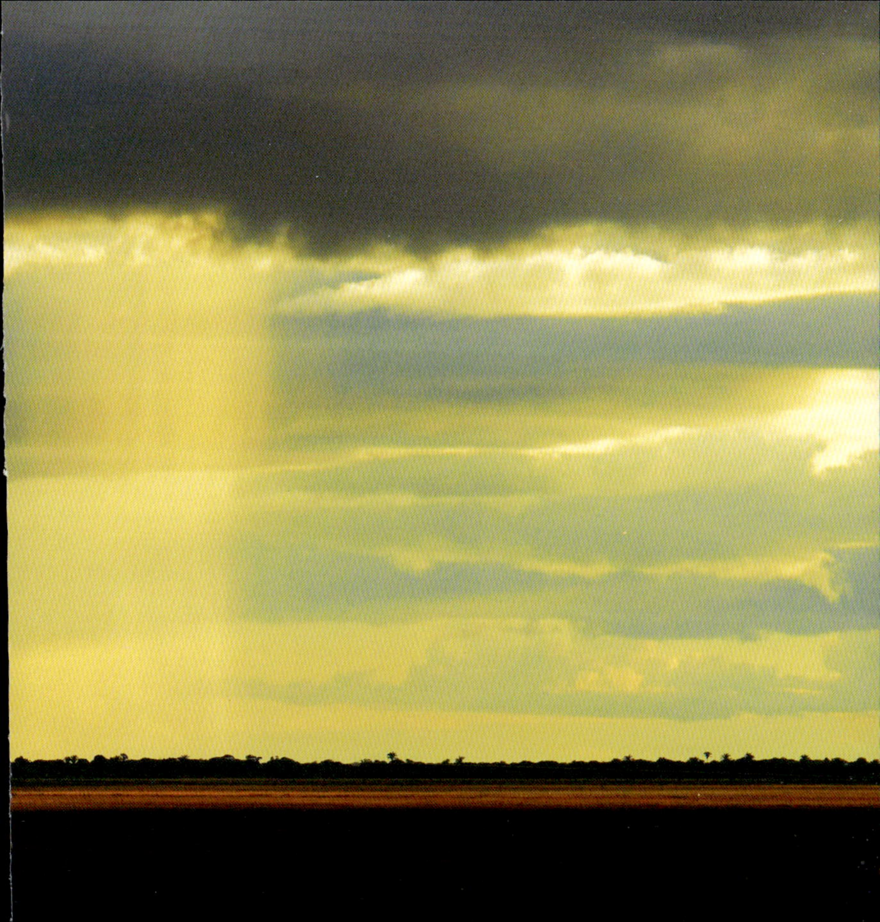

El Tuparro
Departamento del Vichada

La gran sabana que se extiende desde la cordillera Oriental de Colombia y luego se interna en la república de Venezuela, presenta un relieve ligeramente ondulado al llegar al río Orinoco. Allí, afloraciones rocosas del escudo Guayanés y numerosos caños conforman un paisaje único, donde se destacan los impresionantes raudales de Atures y Maipures, en los que el río se acelera en medio de gigantescas rocas.

Esta región de difícil acceso durante el invierno, alberga la flora y fauna características de la altillanura de la Orinoquia. El Parque Nacional Natural El Tuparro, que ocupa un área de 548.000 hectáreas, se creó en 1970 con el propósito de proteger este tesoro natural.

El Tuparro
Vichada Province

The vast grasslands that extend from Colombia's eastern cordillera all the way to the Republic of Venezuela undulate slightly as they reach the River Orinoco. There, rocky outcrops of the Guyana Shield and numerous streams make for a unique landscape where the impressive Atures and Maipures waterfalls are notable features, as the river rushes along amidst giant rocks.

This region is hard to reach during the rainy season, but it is home to typical flora and fauna of the Orinoquía high plains. El Tuparro National Park, which covers an area of 548,000 hectares, was formed in 1970 with a view to protecting this natural treasure.

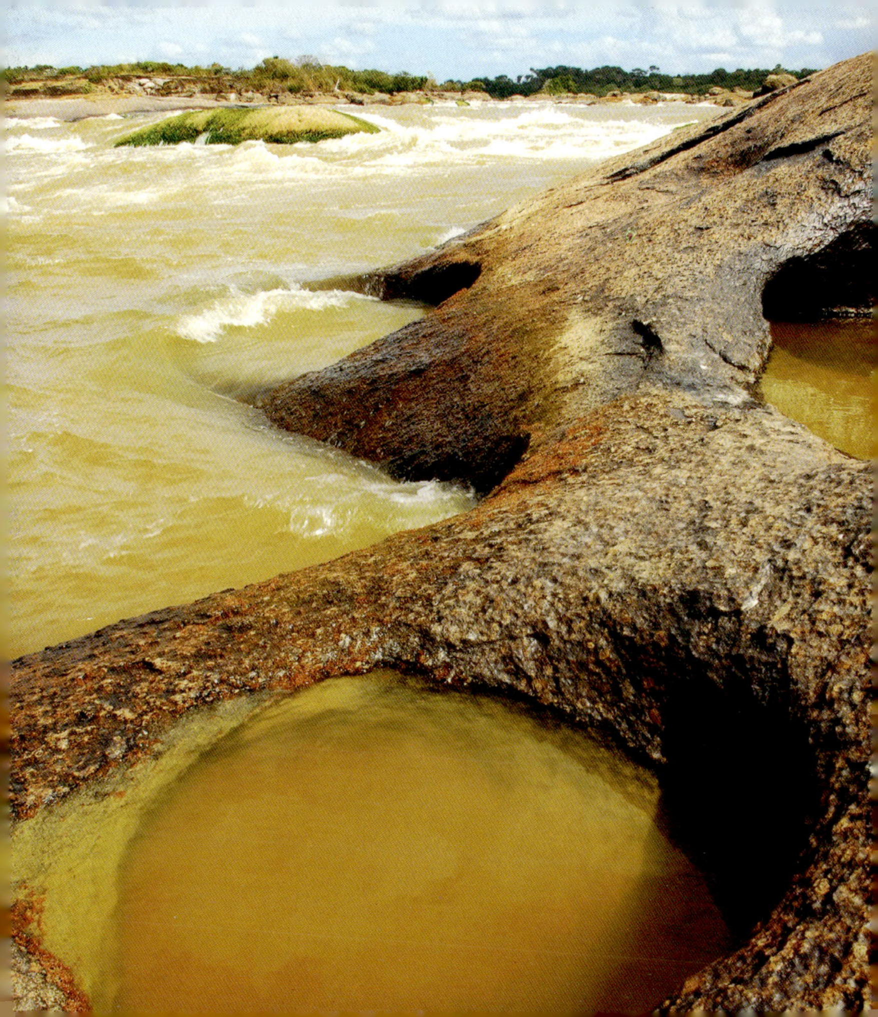

145. Durante siglos, el río Orinoco ha tallado la dureza de la roca.
The River Orinoco has carved its way through the hard rock for centuries.

146-147. Raudal Maipures en el río Orinoco.
Maipures falls on the River Orinoco.

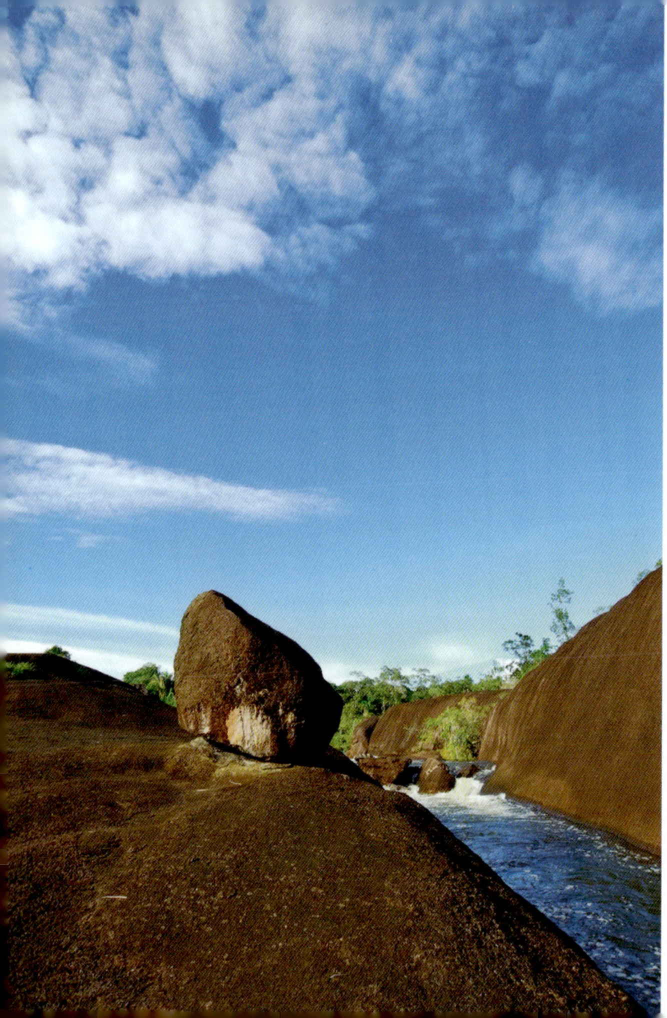

149. Caño Lapa en el interior del Parque Nacional Natural El Tuparro.
Caño Lapa, inside El Tuparro National Park.

149. Los atardeceres en la Orinoquia son de los más bellos de Colombia.
Sunsets in Orinoquía are some of the most beautiful in Colombia.

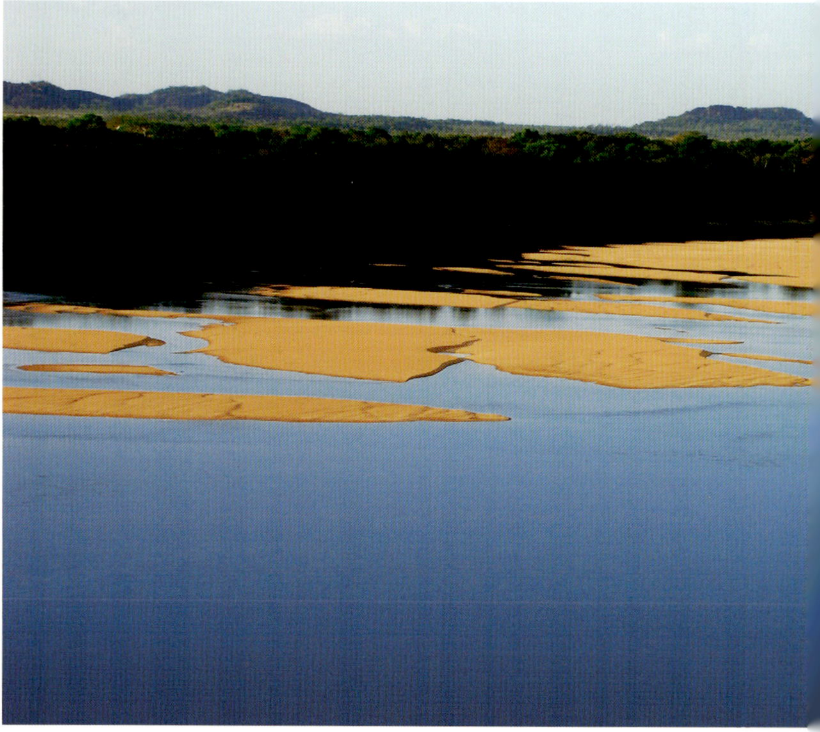

150-151. Los playones en las orillas de los ríos sólo se presentan en las temporadas de verano.
The river banks only have beaches during the dry season.

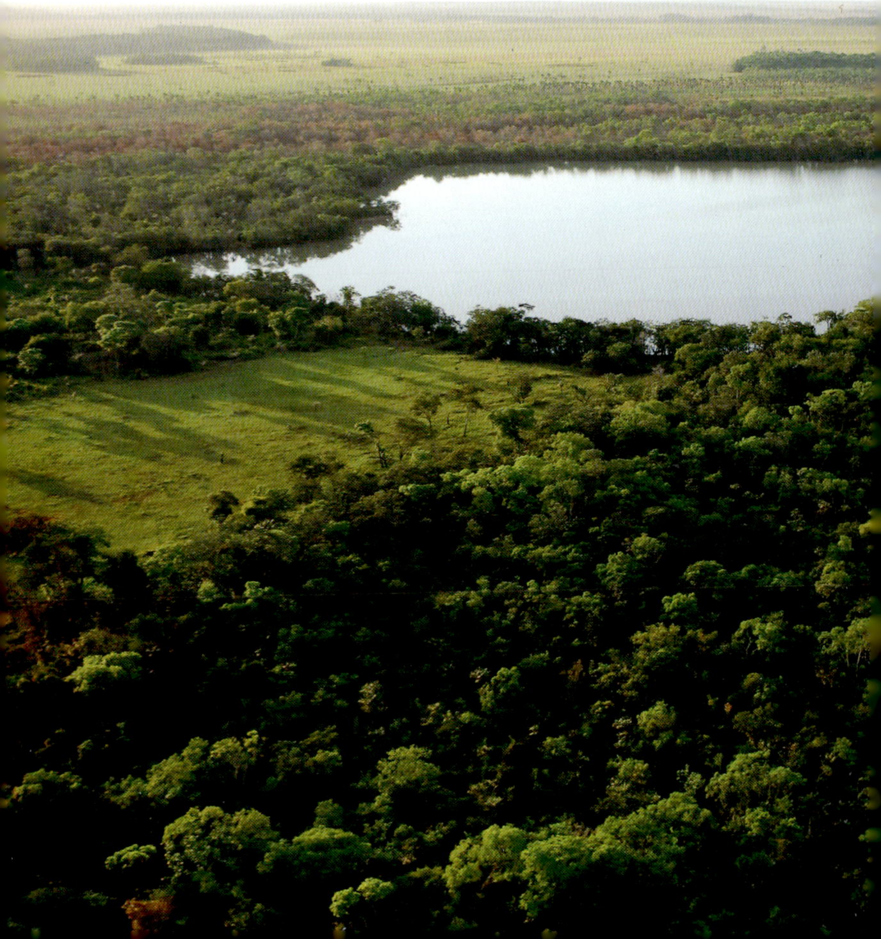

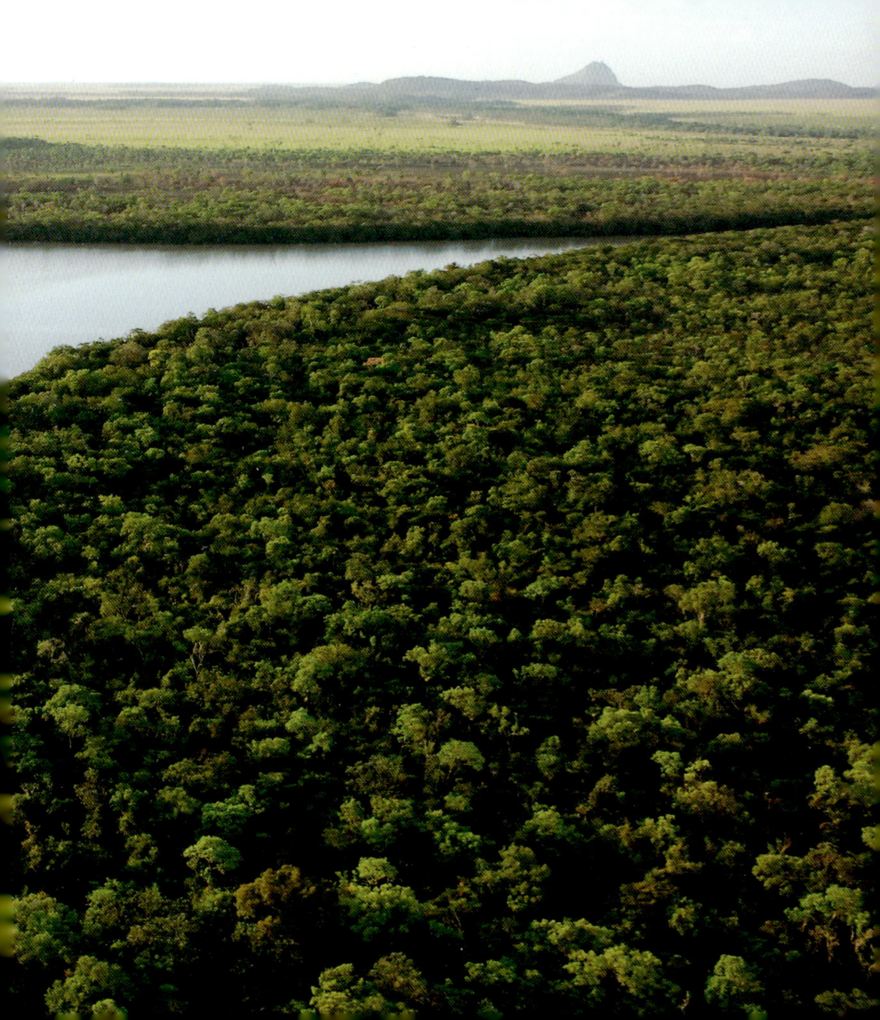

152-153. Las matas de monte se encuentran dispersas en medio de la interminable planicie.
Wild plants are scattered over the endless plain.

154-155. Un grupo de investigadores atraviesa la llanura de pastizales al comienzo del verano.
A group of researchers crosses the pastures on the plain at the start of the dry season.

156. Los ríos caudalosos se convierten en verdaderos espejos de agua cuando la corriente se apacigua.
The fast-flowing rivers turn into true mirrors when the current slows down.

157. Los pastizales adquieren una coloración rojiza durante los prolongados veranos.
The pastures take on a reddish colour during the long dry seasons.

158-159. Amanecer en las riberas del Orinoco.
Dawn on the banks of the Orinoco.

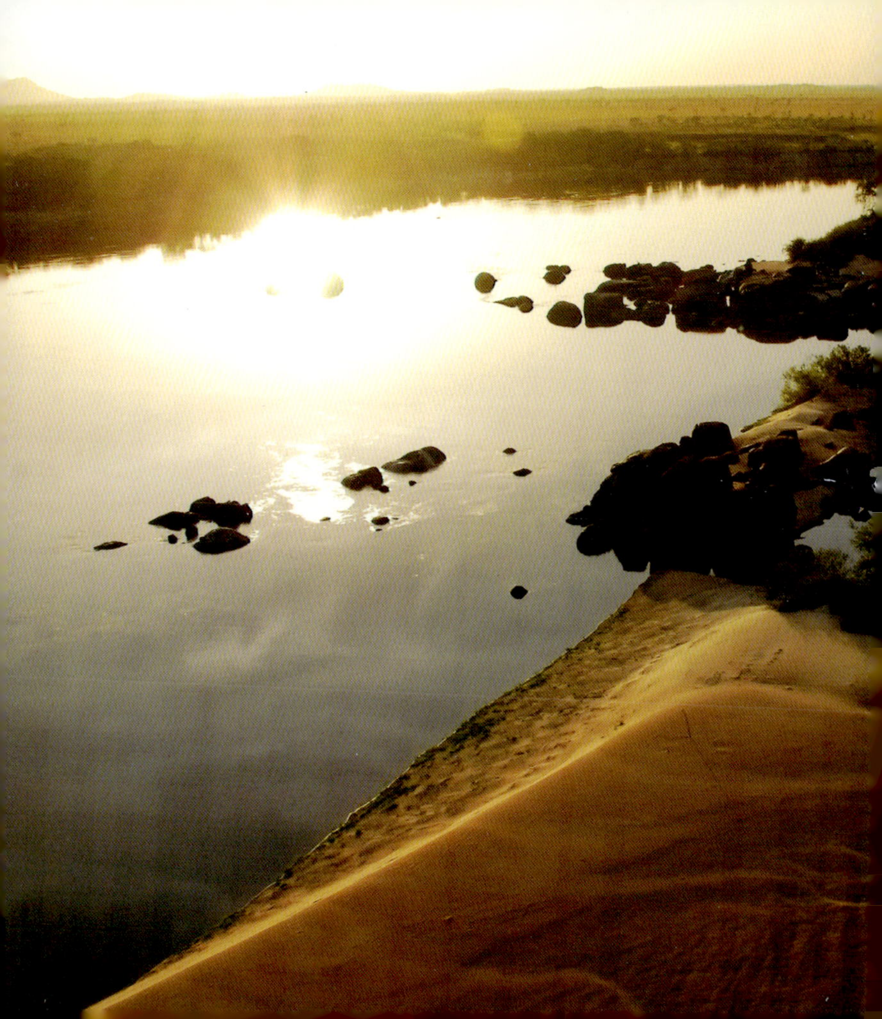

TERCERA EDICIÓN
La presente edición de 2.000 ejemplares
se terminó de imprimir en
Noviembre de 2017, en los
talleres de Panamericana Formas e Impresos S.A.,
bajo la supervisión de iM Editores.

THIRD EDITION
This edition of 2.000 copies
was printed in November 2017 by
Panamericana Formas e Impresos S.A., under iM Editores
supervision.

Bogotá, Colombia.